토마스 에디슨
귀염둥이 질문 상자

수 거스리지 지음
베티 그램 그림
오소희 옮김

차례

1. 엉뚱한 생각 ...9
2. 마일런 조선소 ...18
3. 잊을 수 없는 생일 ...28
4. 새 집으로 ...41
5. 난생 처음 타 보는 기차 ...48
6. 숲속의 집 ...59
7. 학교 첫 날 ...72
8. 지하 실험실 ...84

9. 톰의 실험   ...93
10. 톰의 첫 번째 전신   ...105
11. 기차에서 일자리를 얻다   ...114
12. 지하 철도   ...124
13. 달리는 실험실   ...131
14. 톰이 만드는 신문   ...138
15. 폭발 사고   ...148
16. "움직이는" 그림   ...158
17. 빛을 발명한지 50년   ...167

    여러분, 기억하나요?   ...176
    토마스 에디슨이 살던 시절   ...178

1
엉뚱한 생각

"톰 에디슨, 그 빵을 어디다 쓰려고 그러니? 그 햄은 또 뭐고? 지금 어딜 가는 거지?"

"한 가지 생각이 떠올랐어요, 엄마. 닭장에 가서 실험을 해봐야겠어요."

여섯 살 된 톰은 빨간 벽돌 집 뒷마당에 세워놓은 하얀색 작은 닭장에 가려고 집을 나섰다. 그는 휴런 강이 내려다보이는 작은 언덕 위에 섰다. 좁다란 배 끄는 길이 강을

배 끄는 길: 말이나 노새가 운하나 강의 배를 끌고 가는 길

따라 나란히 있었다. 강 건너편에는 오하이오주 마일런 시의 작은 집들이 강 옆에 옹기종기 모여있었다.

  멀리 마일런 조선소가 보였다. 톰은 잠시 바지선을 구경했다. 그것은 천천히 운하를 향해 들어오고 있었다. 그 운하는 이리호와 연결돼 있었다. 바지선에는 기다란 밧줄이 달려있었다. 밧줄 끝에 묶여있는 노새는 배 끄는 길을 따라 힘겹게 그 바지선을 끌고 있었다. 그 바지선에는 새로 제재한 목재가 가득 실려있었다. 한 켠에는 석탄도 싣고 있었다. 아마도 저것들을 내려놓고 나서, 무쇠난로나 양철제품을 다시 실어오는가보다 라고 톰은 생각했다. 때때로 바지선은 화려한 빛깔의 비단이나 무슬린 옷감, 또는 차, 커피, 향료 등을 싣고 왔다.

  바지선이 운하에 다다르면 그 다음에 무슨 일이 일어나는지 톰은 잘 알고 있었다. 짐을 모두 내린 뒤, 말이 끄는 배에 싣는다. 그리고 그 배는 운하를 따라 이리호로 가고, 배에 탔던 승객들은 모두 증기선으로 옮겨탄다. 증기

조선소: 배를 만드는 곳
운하: 배의 운항이나 농사에 물을 대기 위해 육지에 파놓은 물길
이리호: 미국과 캐나다 사이에 있는 다섯 개 큰 호수 중 하나.
제재: 베어낸 통나무를 쓰기 좋도록 자르는 것

선은 가는 길에 번화한 도시마다 들렸다 간다. 디트로이트는 증기선이 반드시 정박하는 중요한 도시다. 증기선은 거기서 멀리 버팔로까지, 때로는 뉴욕시까지 갈 것이다.

톰은 오른쪽 눈썹을 찡긋하며, 눈을 덮으려는 금발 머리카락을 위로 쓸어 올렸다. 그때 막 자기가 하려던 일이 생각났다. 그는 빵과 햄조각을 싼 꾸러미를 손에 꼭 쥐고 닭장으로 달려갔다.

그 작은 닭장 속은 어두컴컴했다. 톰이 들어오자 닭과 병아리들이 그를 피해 이리저리 달아나며 다리에 걸렸다. 처음에는 앞이 하나도 안 보였다. 하지만 곧 눈동자가 어둠에 적응하자, 룰루의 둥지가 저쪽 구석에 있는 게 보였다. 룰루는 톰의 애완용 거위였다. 룰루는 톰이 다가가는 동안 둥지 위에 가만히 앉아 있었다.

"룰루, 지금 당장 둥지에서 내려와. 넌 거기에 5주일 동안이나 앉아 있었지만, 아직 아기 거위가 한 마리도 안 태어났잖아. 더 이상 못 기다리겠어. 자, 일어나서 내려와!"

룰루는 마치 자기 주인을 나무라는 듯 꽥꽥대며 둥지에서 허둥지둥 내려왔다. 톰은 닭장의 둥근 천정을 가로지른 막대기에 외투를 벗어 걸었다. 그는 키가 작았기 때문에 발꿈치로 서서 겨우겨우 모자를 외투 위에 얹었다. 빵과 햄을 둥지 옆에 놓은 뒤, 크고 흰 거위 알 여섯 개를 검사했다. 그리고 조심스럽게 룰루가 앉아 있던 둥지로 올라갔다. 그리고 거위알 위에 아주 조심해서 앉았다.

얼마 후 톰은 이렇게 오래 앉아 있었으니 적어도 지금쯤 거위알 한 개는 부화해서 새끼가 나왔으려니 생각했다. 그리고 대단히 조심스럽게 둥지에서 옆으로 비켜서 아래로 내려왔다. 그러나 거위알 여섯 개는 전과 조금도 다름이 없었다. 마침 그때 룰루가 뒤뚱거리며 닭장으로 들어오는 모습이 보였다.

"아직 안 됐어, 룰루. 하지만 걱정마. 네 알을 깨뜨리지는 않을 테니까. 난 아직 작아서 괜찮아. 조선소에 있는 아저씨들은 내가 비쩍 말랐대. 비쩍 마른 작은 아이는 가벼워서 알을 깨뜨릴 수가 없어."

톰이 다시 둥지에 앉자 룰루는 돌아서서 마당으로 나갔다. 오후 내내 톰은 몇 번이고 둥지에서 일어나 알을 관찰했다. 그러나 아기 거위는 한 마리도 나오지 않았다.

에디슨 부인은 고소한 냄새가 풍기는 부엌에서 분주하게 일을 하고 있었다. 저녁식사 시간이었다. 물주전자는

얼마 후 톰은 이렇게 오래 앉아 있었으니 적어도 지금쯤 거위알 한 개는 부화해서 새끼가 나왔으려니 생각했다.

커다란 무쇠난로 위에서 이미 다 끓었다고 노래를 부르고 있었다.

"새뮤얼." 에디슨 부인이 남편을 불렀다. "지하실에 가서 감자를 가져다 줄래요? 그나저나 오늘 오후 내내 톰이 어딨는지 봤어요?"

"낸시, 난 점심 먹고난 이후에 집 근처에 얼씬도 안 했어요. 혹시 제재소 근처에서는 못 봤어요? 나는 버나비 씨에게 헛간 지붕으로 사용할 널빤지를 배달하러 갔었어요. 버나비 씨 말이 우리 동네 사람들은 이 마을에 철도 놓는 소리가 들리지 않게 하겠다고 말한대요. 글쎄 그는..."

"새뮤얼, 철로가 우리 마당 한가운데를 뚫고 지나간다고 해도 난 관심없어요. 난 지금 감자가 필요하고, 톰이 어디 있는지가 궁금해요. 그리고 난로에 장작도 필요하고요. 오늘 저녁에는 소금에 절인 돼지 안심과 옥수수죽을 먹을 거예요. 그러니 난로에 장작을 더 넣어줘요." 에디슨 부인이 말했다.

"먼저 감자를 가져온 뒤에 난로에 장작을 넣어줄게요."
"그건 원래 톰이 해야 하는데.... 톰이 여기 있다가 날 도와주면 좋으련만, 무슨 꿍꿍이 속이 있는지 어디론가 사라졌어요. 분명 톰의 꿍꿍이가 장작통에 든 장작보다 더 많은게 틀림없어요. 도대체 얘가 어딜 갔지?"

톰의 어머니는 뒷문으로 갔다. 그리고 큰 소리로 불렀다. "톰! 톰 에디슨! 당장 이리 와!"

아무 대답이 없었다. 에디슨 부인은 집 뒷쪽의 언덕으로 갔다. 그리고 또 다시 불렀다. "토마스 알바 에디슨, 당장 이리 와!"

여전히 아무 대답이 없었다. 에디슨 부인은 어깨에 걸쳤던 쇼올을 머리에 두르고 닭장 쪽으로 걸어갔다. 어머니는 슈! 슈! 하며 닭들을 다리 사이에서 쫓아내고는, 닭장 문을 확 열어젖혔다.

그러나 눈 앞에 드러난 광경을 보자 그만 우뚝 멈춰버렸다. 그리고는 웃음을 터트렸다. "톰 에디슨!" 어머니가 말했다. "뭐 하는 거니? 왜 룰루 둥지에 네가 앉아 있지?"

"엄마, 제가 룰루보다 더 크잖아요. 제가 앉으면 더 따뜻할 거예요. 제가 룰루보다 더 크고 더 따뜻하니까 아기 거위가 더 빨리 깨고 나올 거예요. 룰루는 너무 느려요. 5주일 동안이나 여기 앉아 있었다니까요."

"톰, 톰!" 어머니는 어찌나 배꼽을 잡고 웃었던지 숄 끄트머리로 눈물을 닦으며 말했다. "넌 룰루보다 훨씬, 훨씬 더 무겁단다. 그 거위알이 모두 부서졌을 거야."

"아니에요, 엄마. 제가 봤어요. 저는 룰루처럼 가볍게 그 위에 앉아 있었어요."

"하지만, 톰, 네가 이 둥지 위에 며칠이고 계속 앉아 있을 셈이니? 차라리 룰루에게 그 일을 맡기는 게 낫지 않을까?"

"사실 배가 좀 고파요." 톰이 시인했다.

"네가 빵과 햄을 들고 나가는 걸 엄마가 본 것 같은데?" 에디슨 부인이 눈을 반짝이며 말했다.

"저는 오후 동안만 앉아 있으면 될 줄 알았어요. 벌써 그 빵과 햄은 다 먹었는 걸요."

"자." 에디슨 부인이 여전히 웃으며 말했다. "모자와 외투를 가지고 저녁 먹으러 가자. 네가 엄마를 위해 장작을 좀 갖다줘. 아, 저기 룰루가 오는구나." 어머니는 닭장 앞마당으로 나가며 말했다. "룰루를 다시 둥지 위에 앉히는 게 나을 거야."

톰은 닭장문으로 갔다. 바로 그때 룰루가 들어오더니 허둥지둥 자기 둥지로 왔다. 그리고 아주 조심스럽게 알을 하나하나 뒤집었다.

"걱정 마, 룰루. 네 알은 모두 잘 있어. 하나도 깨지지 않았다니까."

룰루는 톰의 말을 듣고 안심하는 것 같았다. 그리고 자기 알을 부화시키는 길고 긴 작업을 위하여 다시 한번 둥지에 앉았다.

2.
마일런 조선소

"앤더슨 씨, 제가 지난 번에 어디에 서 있었는지 아시죠? 저기 저쪽이에요. 그런데 거기서 아저씨 손에 있는 망치가 판자를 내리치는 것을 봤는데, 왜 망치소리는 나중에 들리는 거죠?"

앤더슨 씨는 자기 바지선 옆에 무릎을 꿇고 앉아 작업하고 있었다. 톰은 앤더슨 씨 어깨 너머로 멀리 휴런강을 바라보았다. 그 너머에 있는 운하는 이제 얼음으로 덮여 있었다.

"톰, 폭풍치는 날 밖에 나가본 적 있니?" 톰의 질문에 앤더슨 씨가 이렇게 물었다.

"그럼요. 하나도 무섭지 않아요, 앤더슨 씨." 톰이 용감한 표정을 보이며 대답했다.

"그렇다면 톰 선생, 대답 해보렴. 천둥소리가 먼저 들리니, 아니면 번갯불이 먼저 보이니?"

톰은 앤더슨 씨가 바지선 바닥의 마지막 마룻조각에 못을 망치로 때리는 것을 보았다. 그는 오른쪽 눈썹을 찡그리며 일 분 동안 생각에 잠겼다.

"번갯불이 먼저 보여요. 그리고 나서 천천히 숫자를 세고 있으면 천둥소리가 들려요."

"그렇지. 얘야, 망치도 마찬가지란다. 빛은 매우 빨리 움직이거든. 번갯불이 얼마나 빠른지를 보면 알 수 있지. 빛은 소리보다 훨씬 빨리 날아간단다. 이제 저기 샌디가 앉아 있는 곳까지 뛰어 가면, 다시 한번 보여줄게. 내가 망치를 이 나무판자에 내려치는 걸 보자마자 숫자를 세. 번갯불이 치고 난 뒤에 숫자를 세는 것 처럼. 그리고 망치소리가 들리면 세는 것을 멈추고. 무슨 말인지 알겠니?"

"알아요, 앤더슨 씨." 톰이 흥분해서 말했다. 그는 체격이 크고 머리카락이 붉은 남자가 앉아 있는 곳으로 뛰어갔다. 그 남자는 작은 바지선에 까만 풀같은 것을 바르고 있었다.

"샌디, 안녕하세요!" 조선소에서 일하는 샌디는 톰의 제일 친한 친구였다.

"안녕, 톰! 이틀 만에 처음 보는데? 이제 질문이 다 떨어진 거냐?"

"아니요, 샌디. 제가 조금 바빴어요. 앤더슨 씨와 함께 또 실험을 하는 중이에요. 보세요."

샌디는 칠을 하던 묵직한 붓을 내려놓고 일어나서 주의를 집중했다. 그는 톰이 질문이 많다고 늘 놀렸다. 그러나 톰이 무슨 실험을 하는지에는 항상 관심이 많았다.

톰은 두 손을 입에 대고 소리쳤다. "앤더슨 씨, 준비 되셨어요?" 그는 대답을 들으려고 귀를 그쪽으로 돌렸다.

그러자 대답이 들렸다. "준비됐어, 톰 선생. 준비됐어."

톰과 샌디는 함께 망치를 관찰했다. 톰은 지금 앤더슨 씨가 분명 하나, 둘, 셋을 세고 계실 거라고 생각했다. 그리고 망치가 내려쳐졌다.

톰이 하나, 둘 세기 시작하자, 강하게 망치를 내려치는 소리가 들렸다. 톰은 샌디의 손을 잡고 앤더슨 씨에게로 달려갔다.

"2초 걸렸어요! 2초!" 톰이 소리쳤다.

"이제 왜 네가 망치를 내려치는 모습을 보고 난 뒤에야 소리가 들렸는지 이해가 가니?" 앤더슨 씨가 톰에게 물었다.

"이제 알겠어요. 재미있는 현상이네요." 톰이 배를 짓고 있는 앤더슨 씨에게 말했다.

이번에는 샌디에게 물었다. "샌디, 방금 페인트칠하고 있던 그 까만 물질이 뭐예요?"

"피치야."

"피치가 뭔데요?"

샌디가 대답을 채 하기도 전에, 옆에서 일하고 있던 한 어른이 불쑥 고개를 들었다. "톰, 난 널 무척 좋아해. 하지만 넌 질문이 너무 많아! 네 질문에 대답해 줄 사람을 하나 고용한다면, 우리가 시간을 절약할 수 있겠는데!"

"쏜톤 씨, 그렇게 해주시면 정말 좋겠어요." 톰이 말했다. "정말 그랬으면 좋겠어요."

"톰, 저기를 좀 봐." 앤더슨 씨가 말했다. "피트가 황급

피치: 콜타르를 증류하고 남은 찌꺼기

히 달려오고 있는 것 아니니? 어린 동생을 찾으러 오는 것 같지 않니? 무슨 흥미로운 일이 있는 것 같은데?"

"피트! 나 여기 있어. 앤더슨 씨 옆에."

"우리 모두 종일 널 찾았어, 톰." 피트가 숨이 차서 헐떡거리며 말했다. "굉장한 일이 기다리고 있어!"

"무슨 일인데?" 톰이 물었다.

"넌 짐작도 못할 거야. 그러니까 내가 말해주지. 우리 마일런에서 이사 가기로 했어!"

"뭐라고?" 톰이 소리쳤다. "우리가 여행을 간다는 뜻이겠지? 무쇠로 만든 기관차를 타고 철로를 달린다는 말이지, 안 그래?"

"아니, 우리의 귀염둥이 '질문상자'를 멀리 데리고 갈 거란 말이냐?" 앤더슨 씨가 물었다.

"그럴 것 같아요, 앤더슨 씨. 사실은 철도가 마일런 시내를 통과하는 대신, 옆으로 비껴서 지나간대요. 그러면 이 마을의 많은 사업들이 타격을 입을 거예요."

"그래, 네 말이 맞다, 피트. 사람들이 물건을 사러 더 이상 우리 마을로 오지 않을 거야."

"어디로 이사가는데?" 톰이 물었다. "어떤 집에서 살게 되지? 태니가 우리를 보러 자주 올까? 그리고…….”

"잠깐, 톰. 좀 천천히 물어 봐." 피트가 웃었다.

"피트도 우리처럼 요령을 배워야 할 거야." 샌디가 말했다. "톰이 하는 질문을 일단 다 들은 다음에, 대답할 수 있는 것만 대답을 하는 거지. 나머지는 공기 속으로 사라지게 내버려 두고 말이야."

"자, 가자, 톰. 이사 계획과 새 집에 대해서 모두 말해 줄게."

두 형제가 집에 도착하자, 에디슨 내외는 거실에서 대화를 나누고 있었다.

"피트가 그러는데 미시간에는 곡식과 사료 사업이 유망하대요." 에디슨 씨가 말했다. 그는 담배 파이프를 뻐끔거렸다.

"마일런을 떠나서 기차를 타고 미시간의 디트로이트로 가는 거예요. 거기서 증기선을 타고 세인트 클레어 호를 건너간 뒤, 미시간의 세인트 클레어 강가 어디에 정착하는 거지요.

그 지역에도 목재가 풍부하거든요. 그러니까 목재 사업을 부업으로 하면 돼요." 그가 말했다.

"오, 새뮤얼! 나더러 하루 아침에 짐을 꾸려서 마일런을 떠나라는 거예요? 이 곳에서 이렇게 오래 살았는데! 어린 아이 셋을 데리고 이 곳에 온지 벌써 십오 년이나 됐어요. 이제 피트는 스물한 살이에요. 매리언은 결혼했고. 태니는 곧 결혼해서 집을 떠날 준비가 되었고. 톰도 이제 큰 아이가 됐고요. 거의 일곱 살이 되었잖아요."

"그래요. 톰이 태어나던 해 2월의 아침이 얼마나 추웠는지 아직도 기억이 생생해요. 그게 1847년 2월 11일이었죠. 그러고보니 낸시, 다음 주가 톰의 생일이에요! 하마터면 잊어버릴 뻔 했군요."

"톰, 생일선물로 뭘 해주면 좋겠니?"

"톰, 생일선물로 뭘 해주면 좋겠니?" 톰의 어머니가 물었다.

"히코리넛 케이크를 해주세요." 톰이 말했다.

에디슨 씨는 여전히 사업에 대해서 생각하고 있었다.

"낸시." 그가 말했다. "아무래도 이사를 가야할 것 같아요."

톰의 회색빛 눈이 흥분해서 점점 반짝였다. 기차와 증기선을 타고 간다!

이사를 원하지 않는 유일한 사람은 에디슨 부인이었다.

"이제 피트는 다 자라서 독립할 수 있어요. 매리언은 훌륭한 청년과 결혼했고, 우리와 가까이 살아서 자주자주 보러 올 수 있고. 톰도 학교에 갈 나이가 되었고요. 그런데 이제 모든 것을 버리고 떠나라는 말이에요? 오로지 그 철도 때문에?"

"낸시. 우리가 마일런에 계속 있으면 새로 유행하는 저 발명품이 우리 사업을 망친다는 걸 생각해봐요."

"'새로 유행하는 발명품'이 뭐죠?" 톰이 물었다.

"우리 마을 사람들이 철도를 부르는 말이야." 에디슨 씨가 말했다.

"난 우리가 결혼했던 1828년을 잊을 수가 없을 거라고 생각했는데, 이제 1854년이야말로 영영 잊을 수 없는 해가 되겠군요! 처음에는 저 '새로 유행하는 발명품'이 칙칙 폭폭 요란한 소리로 괴롭히더니, 이제 그게 마일런을 비껴서 가는 바람에 이곳 사람들 사업이 모두 망하고. 그리고 에디슨 가족은 멀리멀리 미시간으로 올라간다. 이게 모두 그 '새로 유행하는 발명품'이 우리 마을로 들어오지 않았기 때문이란 거죠!"

"그건 사실이에요, 낸시. 점점 더 많은 사람들이 사업 때문에 이사를 가고 있어요. 이 마을은 곧 유령도시가 될 거예요. 그 전에 떠나야 해요."

"유령도시가 뭐예요, 아빠?" 톰이 물었다.

"그건 말이다, 사람과 동물이 살고 있다가 무슨 이유로 모두 떠나 버린 마을이야. 오래된 집들과 건물들은 텅 비어 버리고, 나무판자로 출입구를 막아버리지. 그래서 마치 유령들만 사는 곳처럼 보인다는 뜻이야."

톰이 벌떡 일어섰다. "아빠, 언제 떠나죠?" 그가 흥분해서 물었다.

에디슨 씨가 톰의 질문에 미처 대답하기 전에 그의 어

머니가 물었다. "피트, 우리가 이사가려고 하는 그곳이 어디라고 했지?"

"세인트 클레어 강지역이에요. 디트로이트에서 80킬로미터 떨어진 곳이죠."

"세인트 클레어 강 옆에 뭐가 있는데?" 톰이 물었다.

"도시가 있지, 톰. 미시간의 포트 휴런이야."

"미시간의 포트 휴런." 톰이 혼잣말로 중얼거렸다. 그 이름은 낯설지만 기대가 되었다.

"톰." 피트가 말했다. "이건 너의 기발한 아이디어보다 더 기발하지? 안 그래?"

"맞아, 형. 이사 가고 싶어 못 기다리겠어. 지금 가서 준비할까? 룰루를 데려가도 돼? 젖소는? 우리 닭은 남겨놓고 갈 거야?"

"톰! 톰!" 어머니가 웃었다. "제발 한 번에 하나씩 물어봐야지. 아직 몇 주 더 기다려야 해. 너는 마일런에서 생일을 한 번 더 치르고 갈 거야."

3.
잊을 수 없는 생일

톰은 아침에 눈을 뜨자마자 시간이 너무 이르다는 것을 느꼈다. 창틀 사이로 빛이 스며들었다. 그리고 유리에는 성에가 얇게 덮여있었다. 그는 두꺼운 이불 밑으로 머리를 파묻고, 침대에서 내려오기 전에 잠깐 눈을 더 붙여야겠다고 생각했다.

"톰!" 어머니가 아래층에서 부르는 소리가 들렸다. "톰, 일어날 시간이다. 얼른 일어나서 옷 입고 내려와라. 네 방은 너무 추우니까."

"네, 엄마." 그는 이불을 뒤집어 쓴 채 대답했다. 그리고 곧 침대에서 나왔다.

톰은 창문으로 뛰어갔다. 따뜻한 손가락으로 유리를 문지른 뒤 창밖을 내다보았다. 맑고도 추운 날이었다. 그는 오늘이야말로 스케이트를 타기에 딱 좋은 날이라고 생각했다. 스케이트 생각에 신이 난 그는 얼른 얼굴 씻는 물이 든 물병과 대야가 놓인 세면대로 갔다.

톰은 물병에서 살얼음을 부순 뒤, 대야에 물을 부었다. 그리고 부리나케 얼굴과 손을 씻고 수건에 닦았다. 이제 옷을 집어 들고 아래층으로 내려가 따뜻한 부엌으로 갔다.

"굿모닝, 엄마." 톰은 이렇게 말하며 어머니를 꼭 안았다. "부엌 난롯불 옆은 정말 따뜻해요."

톰이 옷을 입자, 어머니가 말했다. "오늘이 무슨 날인지 아니?"

"오늘은 가만 있자…… 어, 2월 11일 내 생일이네!"

"그래, 즐거운 생일이 되기 바란다, 톰" 어머니가 말했다. "이제 와서 아침 먹어라."

톰은 아침을 먹으려고 식탁으로 가서 앉았다. 그러나 자

그는 옷을 집어 들고 아래층으로 내려가 따뜻한 부엌으로 갔다.

기 앞에 꾸러미 세 개가 놓인 것을 보자 배고픈 생각이 모두 달아났다. 먼저 제일 큰 상자를 집었다. 그것은 가늘고 길고 제법 두꺼운 상자였다. 그가 상자를 묶은 끈을 풀자, 피트가 부엌에 들어왔다.

"생일 축하해, 톰! 너도 곧 형처럼 나이가 많아질 거야, 그렇지?" 피트가 톰의 등을 탁 치며 말했다.

"그랬으면 좋겠어." 톰이 포장지와 끈을 둘둘 말며 말했다.

마침 그때 에디슨 씨가 선물을 받은 톰의 표정을 보려고 들어왔다. "생일 축하한다! 마음에 드니?"

"와, 새 스케이트다! 아빠, 새 스케이트예요! 게다가 오늘은 이 스케이트를 타기 딱 좋은 날이에요. 고마워요, 엄마, 아빠. 고마워요."

그는 얼른 앉아서 새 스케이트를 신어보았다. "이것 보세요. 딱 맞아요!" 그가 소리쳤다.

"식탁에 상자들이 더 있는 것 같은데?" 피트가 말했다.

톰은 스케이트를 벗어놓고 식탁으로 뛰어가서 나머지 상자 두 개를 풀었다. 한 개는 색연필 세트였고, 또 한 개는 큰 스케치북이었다.

"내가 샌디에게 물어보니까, 너는 거의 매일 시내 광장에 나가서 건물의 간판을 그대로 그린다고 하더라. 이제 우리가 포트 휴런에 가는 동안 지나가는 배의 이름을 모두 그 스케치북에 베끼면 되겠네?" 피트가 말했다. "그리고 간판도 많이 볼 거야."

"피트, 고마워. 정말 마음에 들어!" 톰이 스케치북 첫 장에 색연필을 하나하나 색칠해보며 말했다.

"톰, 왜 간판을 그리는 거냐?" 아버지가 물었다.

"글씨를 배우려고요. 저는 이제 'blacksmith' 'lumber' 그리고 'grain elevator'를 쓸 수 있어요." 톰이 아버지에게 말했다.

"대장장이를 쓸 수 있다고?" 피트가 물었다. "어디 스펠링을 말해봐."

"좋아." 톰이 말했다. "B-l-a-c-k-s-m-i-t-h."

"이제 막 일곱 살 된 아이 치고는 제법인데." 아버지가 말했다. "그런데 난 배가 고파. 맛있는 빵 냄새가 나는구나. 먼저 아침을 먹고, 그다음에 톰은 나가서 스케이트를 타 보렴. 물론 닭과 거위에게 먹이를 준 뒤에 말이다."

식탁에는 빵이 있었고, 그 빵에 발라 먹는 꿀이 있었다. 에디슨 가족이 키우는 벌집에서 가져온 꿀이었다. 튀긴 햄, 감자, 그리고 톰의 컵에 따라놓은 우유는 너무도 진해서 표면에 황금색 크림이 둥둥 떠있었다.

"톰, 네 체격에 어떻게 그렇게 많은 음식을 해치우는 거냐?" 아침을 다 먹은 뒤 피트가 톰에게 말했다.

"형, 나는 그렇게 작지 않아. 보라구." 톰은 일어나서 몸을 최대한으로 쭈욱 폈으나, 여전히 그렇게 큰 키는 아니었다. 그는 외투를 입고 목에 목도리를 둘렀다. 그리고 어

---

blacksmith 대장장이, lumber 제재소, grain elevator 곡물 엘리베이터.

머니가 뜨게질 해준 모자를 귀가 덮이도록 눌러썼다. 그리고는 닭에게 줄 모이를 가지러 지하실로 갔다.

"톰, 네가 생일날 히코리넛 케이크를 만들어달라고 했던가?" 에디슨 부인이 물었다.

"네, 엄마. 지하실에 가는 길에 히코리넛을 가져올까요?" 그가 물었다.

"그래, 바로 그거야. 한 번에 두 가지를 다 가져오렴."

톰은 곧 히코리넛을 어머니에게 가져왔다. 그는 닭에게 모이를 주고, 물통에 새 물을 채웠다. 그리고 집으로 뛰어들어가서 스케이트를 집었다. 허둥지둥 인사를 하고는 운하 쪽으로 달려갔다.

톰은 운하까지 뛰어갔다. 도중에 숨이 차면 멈추어 숨을 돌렸만, 아주 잠깐만 쉬었다. 그는 새 스케이트를 신고 싶은 마음에 들떠서 어쩔 줄을 몰랐다. 조선소 옆에는 그가 스케이트를 타는 특별한 지점이 있었다. 금새 운하 근처의 건물들이 보였다.

그는 친구 샌디가 일하고 있는 작은 헛간으로 갔다. "안녕하세요, 샌디." 그가 가게문을 열면서 말했다.

"안녕, 톰 선생. 오늘은 왜 그렇게 신이 났지?" 샌디가 물었다.

"오늘은 제 생일이고, 저는 일곱 살이 됐는데, 새 스케이트를 선물로 받았어요." 톰은 쉬지 않고 한 숨에 말했다.

"허허허……." 샌디는 그저 웃기만 했다.

톰은 방 한가운데 있는 난로로 가서 장갑을 벗고 손을 쬐었다. "밖은 진짜 추워요. 하지만 스케이트 타기에 딱 좋은 날이에요."

톰은 운하까지 뛰어갔다.

"그렇지, 톰." 샌디가 말했다. "이제 네가 일곱 살이로구나! 그러면 축하를 해줘야지. 톰, 복 많이 받아라!"

"고마워요. 운하에 얼음이 두껍게 얼었나요?"

"같이 가서 보자." 두 사람은 밖으로 나가 운하 가장자리까지 걸어갔다.

"이 정도면 된 것 같아." 샌디가 말했다. "하지만 잠깐. 저기 저 쪽에 다른 데보다 얼음이 얇은 곳 보이니? 저 근처로는 가면 안 된다. 오늘은 나와서 일하는 사람들이 많지 않으니, 가장자리에서만 타는 게 좋을 거다."

"알았어요. 그런데 왜 저 부분은 얼음이 얇게 보이죠?" 톰이 물었다.

"왜냐하면 얼음이 얇아서 그 아래 물이 보이기 때문에 그래. 절대로 그 쪽으로는 가면 안 된다." 샌디가 또 한번 주의를 주었다.

톰이 나무둥치 위에 앉자, 샌디가 스케이트 끈 묶는 것을 도와주었다.

"자, 준비 됐다. 이 스케이트는 내가 본 스케이트 중에 제일 근사한데. 추워지면 들어와서 난로를 쬐거라. 내가 이따금씩 창 밖으로 내다 볼게. 그렇지 않으면 네 어머니가 날 용서하지 않으실 거야."

톰은 운하 가장자리로 가서 얼음 위로 내려갔다. 얼음이 안전한지 확인하기 위해서 처음에는 조심해서 스케이트를 탔다. 샌디는 서서 톰을 지켜보고 있었다. 그리고 톰이 안전하다는 것을 확인한 뒤 다시 따뜻한 헛간으로 돌아갔다.

톰은 평생에 이렇게 기쁜 날이 없다고 생각했다. 얼음 위를 가볍게 지치는 것은 더할 나위없이 유쾌했다. 그는 운하 가장자리에서 탔다. 위로 아래로 스케이트를 타며 아는 노래란 노래는 전부 목청을 다해 불렀다. 그리고 그는 8자 모양으로 돌기를 시도했다. 그러기에는 공간이 충분하지 않았다. 이제 그는 운하의 가장자리에 앉아서 다시 스케이트 끈을 졸라맸다. 그러면서 강둑 위에 있는 벌거벗은 나무가지를 올려다보았다. 그곳에는 외로운 참새 한 마리가 가지에 앉아 그를 내려다보고 있었다.

"가엾은 참새! 나처럼 스케이트 타고 싶지 않니?" 톰이 새에게 물었다. 그러나 참새는 스케이트에는 아랑곳 없는 것 같았다. 아무 대답도 안 했기 때문이다.

"참새야." 톰이 말했다. "난 이제 조금 더 멀리가서 8자

모양을 만들어야겠어."

톰은 운하 가운데 쪽으로 갔다. 몇 번 길게 원을 그리고 난 뒤, 훌륭한 8자 모양을 만들었다. 대단히 재미있었다. 그러나 8자를 완성하려니 공간이 조금 더 필요했다. 그는 강둑 쪽으로 왔다 갔다 하며 점점 더 빨리 스케이트를 탔다.

마침내 그는 운하의 가운데로 와서 8자 모양의 아랫부분을 완성하기 위해 거대한 원을 그렸다. 그런 후 8자의 윗부분을 이루는 또 다른 원을 만들기 시작했다. 원을 그리며 위로 올라갔다가 아랫부분의 원과 만나게 하려고 방향을 돌리는 순간, 무시무시한 소음이 들렸다.

톰이 무슨 일인지 알아채기도 전에 그는 완전히 물에 포위되었다! 그는 얼음 조각을 잡으려고 손을 뻗쳤다. 그러나 그것을 잡고 올라가려고 할 때마다, 얼음조각이 부서져나와 물 위에 둥둥 떴다. 그때 톰은 고함을 쳐서 샌디를 부르기 시작했다.

"샌디! 샌디! 물에 빠졌어요. 나 좀 구해줘요, 빨리!" 그는 미친 듯이 소리쳤다.

샌디의 헛간 문은 열리지 않았다. 갑자기 그는 단단해

보이는 얼음의 가장자리를 발견하고 온 힘을 다해 그것에 매달렸다. 그는 한 번 더 친구의 이름을 불렀다! "샌디, 빨리! 샌디!"

그때 샌디가 헛간에서 쏜살같이 나오는 모습이 보였다. 샌디가 소리쳤다. "얘야, 꼭 붙들고 있어! 꼭 붙들어! 내가 벼락같이 밧줄을 가져와서 널 구해줄게."

톰은 샌디가 다시 헛간으로 들어가는 것을 보았다. 그리고 샌디가 손에 밧줄을 가지고 나왔다. 그는 운하로 급히 뛰어와 톰에게로 달려왔다. 너무 서두르느라 얼음이 얼마나 미끄러운지도 잊었다. 톰은 분명 샌디도 얼음 속에 빠져버릴 거라고 생각했다. 샌디는 기어왔다. 톰은 이제 한결 안심이 되었다.

샌디는 무릎을 꿇고 두 손을 짚고 톰쪽으로 기어왔다. 조금씩 조금씩 가까이 오고 있었다. 이제 톰은 손이 너무나 얼어붙어 더 이상 얼음을 붙들고 있지 못할 것 같았다. 발은 너무 차가워서 느낌조차 없었다.

"밧줄 끝을 잡아, 톰!" 샌디가 소리쳤고, 밧줄이 공중을 타고 날아왔다. 그러나 밧줄이 너무 멀리 떨어지는 바람에 톰은 그것을 붙잡을 수가 없었다.

샌디는 밧줄을 도로 잡아당긴 뒤에 다시 던졌다. 이번에는 알맞게 떨어져서 톰의 왼손 옆에 내렸다. 그는 밧줄을 잡고 단단히 매달렸다. "샌디, 이제 어떻게 해야죠?" 톰이 소리쳤다.

"무조건 꽉 잡아, 톰! 꽉 붙들라구!"

톰은 두 손으로 밧줄을 잡았다.

"이제, 내가 잡아당길 거다." 샌디가 소리쳤다.

"알았어요, 샌디! 빨리! 나도 최선을 다할게요."

샌디는 천천히 밧줄을 잡아당겼다. 그는 어린 소년이 구멍에서 기어나오려고 하는 모습을 지켜보았다. 톰은 조금씩 조금씩 올라오더니 무릎을 얼음 가장자리에 놓을 만큼 되었다. 이윽고 구멍에서 나왔다. 샌디는 밧줄을 끌면서 두꺼운 얼음 쪽으로 물러갔다. 그리고 톰이 알아차릴 새도 없이 샌디가 그를 팔에 안고 헛간으로 가고 있었다.

샌디는 톰을 담요에 싸서 난롯가 의자에 앉혔다. 그는 톰의 손을 거세게 문질렀다. 이윽고 톰은 손에서 피가 핑 도는 것을 느꼈다. 그리고 그는 톰의 신과 스케이트를 벗기고 같은 식으로 발을 문질렀다.

"네 어머니가 그렇게 따뜻한 양말을 뜨게질 해주셨으니

천만다행이지. 그렇지 않았더라면, 지금쯤 네 발이 얼어붙었을 거야. 그리고 네가 그렇게 작은 아이가 아니었더라면, 내가 너를 끌어내지도 못했을 거야. 넌 일곱 살 아이치곤 참 용감한 아이야.”

"샌디, 저는 샌디가 어떻게 하는지 계속 관찰했어요. 그래서 무서움을 못 느꼈어요. 하지만 몹시 추웠어요. 엄마가 만들어주실 히코리넛 케이크를 생각하고, 그걸 먹고 싶었어요. 스케이트를 잃어버릴까봐 겁도 났어요. 하지만 스케이트는 안 잃어버렸어요!”

"스케이트를 잃어버리지 않아서 다행이야.” 샌디가 말했다. 이제 너를 한 번 더 담요에 싸서 집으로 데려다 줘야겠다. 생일이고 뭐고, 너는 가서 침대에 누워야 해.”

"어쨌든 이번 생일은 여간해서 잊지 못할 거예요.” 톰이 말했다.

4.
새 집으로

"톰은 어딨지? 피트, 아침먹고 나서 톰을 본 적 있니?" 에디슨 부인이 모자 끈을 턱 밑에 묶으며 이렇게 물었다. "도대체 어딜 갔을까? 샌디가 수레를 끌고 올 시간이 됐고, 우리가 그 전에 준비를 하고 있어야 하는데."

"저기 톰이 와요, 엄마." 피트가 말했다. "톰! 우리 모두 준비하고 기다리고 있는 것 몰라?"

"미안해요. 하지만 내가 바빠서 그랬어요." 톰이 대답했다. "밖에 나가서 주변을 돌아보고 있었어요. 우리 닭과 소를 다 팔고 나니까 이제는 너무 쓸쓸해요. 너무 쓸쓸해요."

"톰, 톰, 어떻게 그렇게 허겁지겁 달아났니? 모자는 어딨고? 목도리는 또 어쨌니? 아니 누가 널 보면 지금이 3월이 아니라 6월인 줄 알겠구나! 집에서 나갈 때는 꼭 모자를 써야한다고 엄마가 몇 번이나 말했니? 그러다가 감기에 걸리겠어."

"태니는 어딨어요, 엄마?" 톰이 자기 모자를 찾으며 물었다.

"우리가 혹시 잊어버린 게 있나 보려고 다락에 올라갔어. 지금 내려오는 소리가 들리는구나." 에디슨 부인이 말했다. 태니는 혹시 빠뜨린 게 있는지 보려고 문이란 문은 다 열어보고, 구석진 곳을 확인했다.

"엄마, 빠뜨린 것 한 개가 있었어요." 태니가 말했다. 그리고 부엌으로 들어가는 문간에서 두 손을 뒤로 하고 서 있었다. "톰, 여기 네 모자가 있다." 에디슨 부인이 벽난로 근처에 놓인 박스 위에서 모자를 집어서 주었다. "모자를 꼭 써야 해."

"태니, 그 상자 안에 뭐가 들었니?" 에디슨 씨가 출입문

태니는 부엌으로 들어가는 문간에서 두 손을 뒤로 하고 서있었다.

쪽으로 들어오며 말했다. 그는 가구를 포장한 상자와 다른 물건들을 확인하고 있었다. "도대체 그게 뭐지?"

"톰의 물건인 것 같아요, 아빠." 태니가 말했다. 그리고 톰을 보고 눈을 찡긋 했다.

"아, 태니. 제발 그걸 줘. 난 뭔지 알아. 그리고 제발 조심해야 돼." 톰이 태니가 서있는 곳으로 뛰어가며 소리쳤다.

에디슨 부인이 고개를 들었다. "아니, 톰, 그 상자 안에 뭐가 들었니? 상자 위에 온통 구멍이 나 있구나."

이제 에디슨 씨와 피트는 태니가 등 뒤에 숨기고 있는 상자가 무엇인지 궁금해졌다. 그들은 가구상자를 집에서 길 쪽으로 내다 옮기던 것을 멈추고 무슨 말을 하는지 들었다.

"엄마." 톰은 거의 울려고 했다. "그걸 가져가게 해주세요. 절대로 말썽을 피우지 않겠다고 약속할게요. 제가 항상 돌봐줄 테니까, 엄마는 그게 있는지 없는지도 모르실 거예요. 엄마, 네?"

"톰, 도대체 뭘 말이냐?" 어머니가 물었다. "그 상자 안에 뭐가 들었어? 빨리 말해라. 지금 모두가……."

"샌디가 오고 있어요. 우리 모두 서둘러야 해요!" 피트가 급히 부엌으로 들어와서 마지막 가구상자를 옮겼다.

톰은 집을 떠나는 마지막 순간 너무도 흥분해서 그 상자를 새까맣게 잊어버렸다. 톰은 누나를 올려다 보았다. "태니, 그걸 두고 가면 안 돼. 제발, 알았지?"

"좋아, 톰. 룰루를 가져가도 좋아. 하지만 그걸 아시면 엄마가 뭐라고 하실지 모르겠어. 엄마가 반대하실지도 몰

라. 디트로이트까지 가려면 오늘 아침에 떠나서 저녁 때나 돼야 하거든. 그리고 거기서 밤을 지낼 거야. 그 다음 날 아침에야 증기선을 타는데, 캄캄한 밤중까지 하루 종일 호수를 달려가야해. 그동안 내내 룰루를 어떻게 하려고 그래?"

"내가 잘 돌봐줄게, 태니. 아무한테도 방해가 되지 않게 할게."

"태니! 톰! 서둘러라! 서둘러! 수레에 짐을 다 실었고, 샌디가 지금 떠나려고 해." 에디슨 씨가 소리쳤다. "얼른 오너라. 뒤에 남지 않으려면."

"가요, 아빠." 태니가 대답했다. "톰, 이렇게 하자." 태니가 속삭였다. "내가 룰루를 데리고 있다가 내 숄을 그 위에 덮어놓을게. 그러면 그 안에 거위가 있다는 걸 아무도 모를 거야. 이제 빨리 가자."

톰과 태니는 마일런의 옛집을 마지막으로 보고 떠났다. 이제 멀리 미시간주의 새 집으로 가는 것이다.

"태니 양, 안녕?" 샌디가 그녀를 수레에 태우며 말했다.

"안녕하세요, 샌디!" 태니가 말했다. "제가 살 집에도 손댈 게 무척 많아요. 하지만 가족이 이사하는데 안 도와드릴 수 없죠."

태니는 곧 다시 돌아오기로 했다. 그리고 결혼할 때까지 메리언 집에서 지내기로 했다. "미시간이 어떤 곳인지 정말 보고 싶어요. 증기선도 타보고 싶구요."

톰은 수레에 기어올라 뒤로 가서 기다랗게 말아놓은 카

그는 언덕 위에 있는 작그마한 붉은색

펫에 등을 기대고 앉았다. "안녕, 마일런." 그가 말했다. 그는 언덕 위에 있는 자그마한 붉은색 벽돌집을 마지막으로 바라보았다. 집 뒤로는 이리호까지 이어지는 운하가 가느다란 은빛 실처럼 보였다. 이제 그는 또 다른 호수를 지나 새로운 주에 있는 새 집으로 가는 것이다.

벽돌집을 마지막으로 바라보았다.

5.
난생 처음 타 보는 기차

"아빠, 저기 보세요! 저기 불이 났나봐요. 연기 좀 보세요." 톰이 소리쳤다. 그는 상자들 위로 기어올라 아빠와 샌디가 나란히 타고 있는 수레의 앞 쪽으로 갔다. "빨리 가요, 아빠. 빨리." 흥분하면 늘 그렇듯이 톰은 오른쪽 눈썹을 찡그리며 말했다.

에디슨 씨가 샌디를 슬쩍 보더니 윙크를 했다. 그리고 톰을 향해 몸을 돌리고 말했다. "얘야, 저 연기는 우리가 타고 갈 기차에서 나는 연기야. 물론 불이 났지. 하지만 그 불은 기관차의 화통 속에 갇혀있단다. 집이 불타는 건 아니니까 위험할 건 하나도 없어."

에디슨 부인이 어깨에 두른 쇼올을 감싸며 에디슨 씨에게 말했다. "마일런 사람들이 기차가 마을을 통과하는 것에 반대하는 게 하나도 이상할 게 없군요. 기차가 한 번 지나갈 때마다 여자들은 빨래를 다시 해야할 테니까요. 기차가 내뿜는 연기 때문에 빨래줄에 걸어놓은 옷들이 모두 새카맣게 되겠어요."

톰은 어머니의 말에 관심이 없었다. 그에게는 소용돌이치며 올라가는 연기가 대단한 구경거리였던 것이다. 그리고 샌디가 될 수 있으면 말을 빨리 몰아서 그곳으로 갔으면 했다. "저 연기는 어디서 나오는 거예요, 아빠?"

"기관차의 화통에 있는 장작을 태워서 증기를 만드는 거야. 증기가 기관차를 앞으로 가게 만들어. 그리고 기관차 뒤에 붙어있는 기차들을 끌어당기는 거지." 에디슨 씨가 설명했다. "이제 잘 봐라. 우리가 이 길 끝의 모퉁이를 돌아가면 곧 오하이오의 노워크 역이 보일 테니까."

아무도 톰에게 잘 보라고 주의를 줄 필요가 없었다. 그는 상자 여러 개와 꾸러미를 넘어 가서 피트 옆에 앉았다.

그 전에 기차를 구경한 적이 있는 피트와 태니조차도 톰만큼 흥분해 있었다. 하지만 에디슨 가족 중에 기차를 타 본 사람은 아무도 없었다.

　샌디가 말고삐를 약간 뒤로 잡아 당기자, 톰은 수레가 조금 천천히 가는 게 느껴졌다. 수레가 구부러진 길 모퉁이를 돌아가고 있었던 것이다. 톰은 발끝으로 일어나서 피트의 어깨를 잡았다. 모든 것을 하나도 빠짐없이 모두 보고 싶었다.

　"저기 있어요! 저기!" 톰이 목청껏 고함을 질렀다. 그가 모자를 벗자, 금발 머리카락이 바람에 날려 눈에 들어갔다. 그는 기차역을 향해서 손을 흔들었다. 그리고 작은 건물 옆에 서 있는 검은색 기관차를 향해서 손을 흔들었다.

　"톰, 가만히 있어." 피트가 소리쳤다. 그는 톰의 무릎을 꽉 잡았다. "곧 수레가 멈출 테니까, 그 다음에 뛰어내리는 거야. 하지만 그때까지 기다려, 알았지?"

　바로 그때 샌디가 몰던 수레가 기차역 옆에 있는 주차장에 다다랐다. 바로 그때 톰은 바닥으로 뛰어내려서 기차역 건물의 모퉁이를 돌아 사라져버렸다. 그리고 나서야 샌디가 수레에서 내렸다.

그가 모자를 벗자, 금발 머리카락이 바람에 날려 눈에 들어갔다.

"톰을 잘 보셔야 할 겁니다. 에디슨 씨." 샌디가 말했다. "그렇지 않으면 톰이 기관사 옆에 올라타고 앉아 백 가지 질문을 할 테고, 그러면 기관사는 이게 도대체 무슨 일인가 하며 어리둥절해 할 테니까요."

"피트, 톰을 잘 감시해라. 나는 네 어머니와 태니가 기차역 안에 앉아 있을 곳을 찾아볼 테니까. 그런 뒤에 차표를 사놓겠다." 에디슨 씨가 말했다.

피트는 동생이 달아난 쪽으로 갔다. 기차가 서 있는 철도에 다다르자, 톰이 누군가에게 말하고 있는 모습이 보였다. 분명 기관사일 것이다. 그는 키가 크고 얼굴이 붉으며, 파란색 모자를 눈까지 덮어쓰고 있었다. 손에는 두꺼운 장갑을 끼고 있었다.

피트가 그들에게 다가가서 기관사에게 물었다. "보나마나 제 동생이 아저씨께 질문을 많이 했겠죠?"

"아, 이 아이가 네 동생이구나! 한 삼 분 동안 글쎄, 질문을 열 가지는 한 것 같구나. 하지만 모두 좋은 질문이야. 특히 마지막 질문은 썩 좋은 질문이야."

"피트." 톰이 형 쪽으로 다가와서 말했다. "내가 방금 벤자민 씨, 아, 그가 바로 기관사인데, 그분에게 디트로이트까지 내가 옆에 타고 가도 되냐고 여쭤봤어."

"진짜? 벤자민 씨가 뭐라고 하셨지?"

"바로 그때 형이 왔어. 그래서 대답을 못 들었어. 그래도 돼요, 벤자민 씨?" 톰이 대단히 열 빈 눈빛으로 기관사의 눈을 들여다보았다. "질문 하지 않을게요. 생쥐처럼 가만히 앉아 있을게요."

"만일 네가 질문을 하지 않는다면, 단 일 킬로미터도 함께 가지 않으련다." 기관사가 톰에게 말했다. 그는 손을 뻗어 바람에 휘날리는 톰의 머리에 손을 얹었다. "하지만 내가 너한테 허락하기 전에 먼저 부모님께 허락을 받아야지."

"저기 아빠가 오세요. 아빠한테 여쭤보세요! 아빠한테!" 톰이 간청했다.

"톰이 뭘 원하는 거지?" 에디슨 씨가 그들에게 다가오며 물었다.

"아빠!" 톰이 에디슨 씨를 잡아끌었다. "이 분은 기관사이신 벤자민 씨예요. 만일 제가 반드시 질문을 한다면 디트로이트까지 기관석에 앉혀주신다고 했어요. 그래도 돼요, 아빠? 네? 네? 그래도 돼요?"

"아니, 톰, 내일이면 네가 직접 기차를 운전하겠다고 할 텐데, 그러면 우리 모두 어디로 가 있을까?" 아버지가 웃었다.

벤자민 씨가 에디슨 씨에게 몸을 돌렸다. "부모님께서 허락하신다면, 이 아이를 기관석에 태우고 몇 킬로미터 가고 싶습니다. 말썽을 안 피울 겁니다. 톰은 기차가 어떻게 달리는지가 몹시 궁금한 것 같네요."

"만일 아이 엄마가 괜찮다고 하면 저는 반대할 이유가 없습니다. 저기 오는군요. 낸시, 톰은 벌써 기관사를 친구로 만들었어요. 기관사께서 몇 킬로미터 정도 톰이 기관석에 앉아서 가도 되는지 물어보셨어요. 어떻게 생각해요?"

"안전한가요?" 에디슨 부인이 물었다.

"톰은 부인만큼 안전할 겁니다."

"그렇다면, 톰, 기관석에 앉아 가도 좋아. 하지만 아무것도 만져서는 안 되고 조심해야 된다. 알겠니?"

톰이 고맙다는 말을 하기도 전에 누군가 기차역에서 나와 소리를 쳤다. "모두 타시오! 모두 타시오!" 톰은 마지막 순간에 샌디에게 작별 인사를 했고, 기관사는 그를 번쩍 들어올려 기관석에 앉혔다. 에디슨 부부, 태니, 피트는 기관차 뒤에 붙어있는 객차 두 개 중 한 칸에 탔다.

기관석에서 벤자민 씨는 톰에게 화통에 대해서 설명을 하기 시작했다.

"기관차 위에 있는 굴뚝 같은 것 봤지, 톰? 여기 있는 이 상자에서 연기가 파이프를 타고 그 굴뚝으로 들어가는 거야. 이 상자를 '화통'이라고 하지."

"화통에서 나오는 저 파이프는 뭐예요?"

"그것도 연기 파이프야. 연기가 그 파이프를 타고 굴뚝에서 나가는 거야." 벤자민 씨가 톰에게 말했다.

"먼저 이 화통 옆에 있는 보일러에다 물을 펌프질해서 채우고." 그가 계속 말을 이었다. "화통에 있는 불이 그 물을 뜨겁게 데우는 거지. 마치 난로와 같아. 그러면 물이 점점 뜨거워져서 펄펄 끓게 되지."

"그 다음에는 어떻게 돼요?" 톰이 물었다.

"그 다음에?" 벤자민 씨가 말했다. "그러면 증기가 만들어지지."

"그 증기는 어디로 가죠?" 톰이 물었다.

"증기는 이 기다란 원통을 타고 나가는 거야." 벤자민 씨가 보일러에서 나오는 원통들을 가리켰다. "이 원통을 따라가면 실린더가 있는데, 기관차 양쪽에 각각 실린더가 있지."

"실린더가 뭐예요?"

"실린더는 마치 버터 제조기와 같아. 그 안에는 막대가

증기: 물이 끓은 뒤 공기가 된 상태

있어 앞뒤로 계속 움직이지. 그 막대를 피스톤봉이라고 하는데 그러니까 증기가 압축이 되어서 실린더로 들어가서, 피스톤봉을 앞뒤로 움직이는 거야.

피스톤봉은 뒷바퀴 두 개에 연결돼 있어. 그래서 피스톤 봉이 앞뒤로 움직일 때마다 그 바퀴를 돌리는 거야."

벤자민 씨는 계속 말하면서, 동시에 작업을 했다.

"내가 이 손잡이를 움직이면……." 그가 증기를 운반하는 원통에 붙어있는 기다란 손잡이를 가리켰다. "증기가 나가는 거야. 이 손잡이를 위로 하면 기관차가 앞으로 가고, 그걸 아래로 내리면 기관차가 멈추고."

"왜요?" 톰이 물었다.

"왜냐하면, 톰. 이 손잡이를 내리면 실린더에 아무 증기도 없게 되니까."

이제 기차는 매우 빠른 속도로 달렸다. 톰은 벤자민 씨에게 기차가 얼마나 빨리 달리는지 물었다. 기관사는 한 시간에 24킬로미터의 속도로 간다고 대답했다.

그리고 톰의 손을 잡았다. "이 기관차를 운전해보고 싶으냐? 이 손잡이에 손을 대 봐라."

톰은 그 손잡이를 손가락으로 잡았다. 그것은 덜덜 떨렸고, 톰은 자기 손도 덜덜 떨리는 것을 느꼈다.

"왜 내가 핸들을 붙잡으면 손이 떨릴까?" 기관사가 물었다. "핸들이 떨리기 때문이야. 증기가 힘이 너무 강하기 때문에 증기가 닿는 것마다 떨리거나 흔들리지. 자, 기관차를 운전해 본 기분이 어떠니?" 벤자민 씨가 핸들을 다시 받아 잡으며 물었다.

기차는 어떤 작은 마을로 들어가고 있었다. 그곳에 멈춰서 다시 물을 넣어야했다. 이제 톰은 가족들이 앉아있는 차로 돌아가야 할 시간이었다.

"재미있었어요. 벤자민 씨, 감사합니다. 이렇게 훌륭한 여행을 하게 해주셔서요." 기차가 완전히 멈추었다. 기관사는 톰이 기관석에서 내리도록 도와주었다. "안녕히 가세요, 벤자민 씨! 언젠가 다시 만났으면 좋겠어요."

"잘 가라, 톰." 기관사가 소리쳤다. 그는 서서 차장이 그 어린 소년을 객차에 태울 때까지 지켜보았다.

차장은 문을 밀어서 열었고, 톰은 난생 처음 객차 안을 보았다. 승객들은 딱딱한 나무 벤치에 앉아 있었다. 그들은 가운데 복도를 향해 얼굴을 돌리고 옆에 앉은 사람들을 바라보았다.

톰은 태니와 피트 가운데 앉았다. 그는 기관차에 관해서, 그리고 기차가 어떻게 움직이는지를 모두 얘기하기 시작했다. 그 바람에 너무나 흥분해서 상자 속에 룰루가 있다는 것조차 잊어버렸다. 그것은 태니 옆에 놓여있었다.

나머지 여행은 아주 빨리 지나갔고, 차장이 와서 문을 열고 소리를 쳤을 때에야 비로소 하루가 다 갔다는 걸 깨달았다.

"다음 역은 디트로이트! 짐을 모두 챙기십시오. 다음 역은 디트로이트!"

6.
숲속의 집

"얼마나 더 가야 되죠?" 수레가 길을 따라 덜커덩거리며 달릴 때에 톰이 물었다.

"한 5킬로미터쯤 더 가면 된다." 마부가 대답했다.

때는 이른 아침이었고, 에디슨 가족은 포트 휴런의 외곽에 있는 새 집으로 가는 중이었다. 세인트 클레어 호수에서 그들을 태우고 왔던 배가 밤늦게 부두에 도착했다. 에디슨 씨는 잠이 든 톰을 안고 호텔로 들어가 피트 옆에 눕혔다. 피트가 아침 먹으라고 깨울 때까지 톰은 아무 것도 모르고 잤다. 이제 그들은 수레를 타고 포장된 큰 도로에서 빠져나와 덜컹덜컹하며 흙길을 달리고 있었다. 에디슨 씨와 피트는 집문을 열기 위해 먼저 갔다. 그들은 다른 수레에 가구를 가득 실어 먼저 가고, 에디슨 부인과 태니와 톰이 뒤따라 갔다.

길은 매우 좁았다. 길 양쪽에는 키가 큰 소나무들이 서 있었다. 나무들 사이로 저 멀리 집이 여기 저기 보였다. 어떤 곳에는 담장이나 좁은 골목들이 있었고, 그 뒤로 집들이 숲속에 살짝살짝 가려있었다.

"저기 있는 커다란 건물은 뭐죠?" 톰이 물었다.

"학교란다." 마부가 말했다. "그 학교 선생님보다 더 무서운 선생님이 없을 거야. 크로포드 씨라고 하지. 어디, 네가 저 학교에 갈 나이가 됐는지 한번 보자." 그가 덧붙였다. 두 마리 말에게 채찍을 가하자 말이 더 빨리 달렸다.

"엄마, 제가 학교에 가야 되나요?" 톰이 물었다. 걱정이 된 표정이었다.

"그래. 올해는 네가 학교에 가는 게 낫겠이, 톰." 어머니가 미소를 지었다. "크로포드 씨는 아마 그렇게 무서운 분이 아닐 거야. 네가 매일 공부를 열심히 하면, 아무 문제 없을 거야."

그리고 에디슨 부인은 마부를 향해서 고개를 돌리고 말했다. "저희는 톰을 아직 학교에 안 보냈어요. 나이보다 몸집이 작아서요. 신선한 공기와 햇볕을 쬐고 놀면서 더 튼튼해지라고 말이죠. 저도 전에 학교 교사로 일했답니다. 그래서 집에서 톰을 가르쳤죠. 톰은 분명 학교를 좋아할 거예요."

"그럴지도 모르지요." 에디슨 부인이 장황하게 늘어 놓자, 마부는 대답을 하려 했으나 그 말 밖에는 할 수가 없었다. 그들 앞의 골목에 에디슨 씨가 서있었던 것이다.

수레가 속도를 늦추자, 톰이 뛰어내려 아버지에게 달려갔다. "아빠, 빨리요! 집을 보여주세요." 그가 소리쳤다.

"이 골목 끝을 봐라. 그게 우리 집이다." 에디슨 씨가 아들에게 말했다. 거기에는 크고 하얀 집이 빽빽한 숲에 거의 다 둘러싸여 있었다. 집 앞에는 포치가 길게 붙어 있었다.

"어머나, 정말 큰 집이네요, 새뮤얼." 에디슨 부인이 다가오며 말했다. 에디슨 가족은 잠시 서서 그 집을 넋 놓고 바라보았다.

거기에는 크고 하얀 집이 빽빽한 숲에 거의 다 둘러싸여 있었다.

"근데 톰이 어디갔지?" 어머니가 이리저리 두리번거리며 말했다.

"골목 끝까지 달려간 모양이에요, 낸시. 먼저 집에 들어가요. 마부에게 가서 나머지 짐을 내려야겠어요." 에디슨 씨가 말했다.

어머니와 딸은 골목을 걸어갔다. 태니는 인내심을 가지

고 룰루가 든 박스를 가지고 갔다. 톰은 또 다시 룰루에 대해서 완전히 잊어버렸던 것이다.

"나무가 정말 예뻐요, 엄마." 태니가 말했다.

대부분의 나무는 소나무였지만, 간간이 키가 크고 잎이 넓은 나무들이 섞여 있었다. 그것은 메이플나무였다. 참나무도 있었다. 참나무는 가을과 겨울에 매우 아름다웠다. 그 잎은 추워질 때까지도 오래 달려 있었고, 거의 일년 내내 아름다운 붉은 색을 띠었다.

일행이 집에 다다르자, 집이 얼마나 아름다운지 더 잘 볼 수 있었다. 톰과 피트는 집 앞의 계단에 서 있었다. 톰은 신이 나서 소리를 질렀다. "빨리빨리, 엄마! 빨리! 나는 벌써 집 구경 다 했어요. 거실이 얼마나 큰지 우리 모두 거기서 게임을 할 수 있어요. 그리고 천정은 아빠 키 두 배나 돼요."

에디슨 부인과 태니는 톰을 따라다니며 집 전체를 구경했다. 방마다 긴 창문이 있어서 바깥의 숲과 세인트 클레어 강이 내다보였다. 방마다 벽난로도 있었다.

에디슨 부인은 서둘러 부엌으로 갔다. 그곳에는 창문이 많고 벽난로가 있었다. 그리고 요리할 때 쓰는 난로도 있었다.

이층에는 침실이 여섯 개 있다고 톰이 어머니에게 말했다. 네 사람이 살기에는 매우 큰 집이었다.

"집이 굉장히 크구나, 태니. 네가 서둘러서 마일런으로 떠나지 않았으면 좋겠는데." 에디슨 부인이 말했다. "우리는 마치 나무통 바닥에 남은 마른 사과처럼 이리 저리 굴러다닐 것 같아."

톰과 피트에게 뒤켠 포치에서 짚더미를 가져오라고 했다.

이제 에디슨 씨가 나머지 짐을 모두 집으로 들여오자, 마부는 다시 포트 휴런으로 돌아갔다. 집은 이미 어떤 이웃이 와서 깨끗이 청소를 해주었기 때문에, 가족들은 바로 짐을 풀 수 있었다.

먼저 에디슨 부인은 가족들 모두 낡은 옷을 입게 했다. 그리고 톰과 피트에게 뒤켠 포치에서 짚더미를 가져오라고 했다. 일층 마루바닥에 깔기 위해서였다. 어머니는 아들들에게 그것을 두껍게 깔아서 나무바닥이 전혀 보이지 않게 하라고 지시했다. 집 아래에서 차가운 공기가 들어오는 것을 막아야했다.

"톰, 불거져 나온 부분이 없게 잘 깔아야 한다." 에디슨 부인이 말했다. 그리고 부엌 문간에 서서 지켜보았다. 톰과 피트는 거실 바닥에 짚을 깔았다. 그들은 매우 주의를 해서 깔았다.

톰은 짚을 까는 일이 끝나지 않을 것 같았다. 마침내 어머니가 마음에 들어했다. 그리고 에디슨 씨와 피트에게 둥글게 말아놓은 카펫을 가져오라고 부탁했다.

그것은 장미꽃 색깔에 커다란 꽃들이 그려져 있는 예쁜 카펫이었다. 두 아들이 매우 조심스럽게 마른 짚 위에 그것을 찬찬히 풀면서 깔았다. 그러자 에디슨 부인은 그것을 판판하게 펴서 마루에 찰싹 달라붙게 했다. 아래층 바닥은 완전히 카펫으로 덮였다. 이제 가구를 들여놓을 준비가 되었다.

에디슨 부인은 톰에게 장식품 상자를 열어서 선반 위에 올려놓으라고 했다.

"다음 주까지는 학교에 갈 수 없어요." 톰이 말했다. "집 안에 할일이 많으니까요. 아빠, 그렇죠?"

"맞아요, 아빠." 태니가 톰에게 윙크를 보내며 말했다. "집에서 거들어야 할 일이 많을 거예요."

"너희 둘 말이 맞는 것 같구나." 아빠가 널부러진 상자들을 쳐다보며 말했다. "그러나 그다음 주 월요일에는 학교에 가는 거다, 알았지!"

그러자 톰은 헛간으로 가서 룰루에게 새 집을 보여주었다. 그것은 뒤뚱뒤뚱 걸어다니며 구석구석을 탐색했다. 마침내 그것은 톰이 마련해준 새 둥지에 앉아서 매우 흡족해했다.

톰은 다시 집으로 달려갔다. "배가 몹시 고파요." 그가 부엌으로 들어가며 소리쳤다. 태니는 거기서 기다란 창문

에디슨 부인은 톰에게 장식품 상자를 열어서 선반 위에
올려놓으라고 했다.

에 달 커튼을 바느질하고 있었다.

톰은 불이 타고 있는 벽난로에서 손을 녹였다. 미시간주의 3월 초는 오하이오주보다 훨씬 더 추웠다.

에디슨 씨가 부엌에 들어오더니 주머니에서 시계를 꺼내서 들여다보았다. "이런!" 그가 말했다. '벌써 세 시가 다 됐는데, 우리는 호텔에서 일찌감치 아침 먹은 뒤 아무것도 먹은 게 없구나! 우리 모두 일을 멈추고, 어머니가 저녁식사 만드는 걸 도와드려야겠다."

저녁식사가 끝난 뒤 톰이 말했다. "우리 새집에 이름을 붙일 건가요? 다른 사람들은 집에 이름을 붙이던데, 우리도 그랬으면 좋겠어요."

"그거 좋은 생각이구나, 톰. 이 아름다운 숲속의 집에 좋은 이름을 붙이자."

톰은 눈을 감고 생각했다. "알겠어요, 엄마! 숲속의 집(House in the Grove)이라고 해요."

"아, 그거 좋구나, 톰! 참 듣기 좋은 이름인데!" 태니가 미소지었나.

다른 가족들도 모두 그 이름을 좋아했다. 모두 새집에 그보다 더 잘 어울리는 이름이 없겠다고 맞장구쳤다.

에디슨 씨는 벽난로 쪽으로 갔다. "오늘은 우편물을 배달하는 우편선이 오는 날이야. 일 주일에 세 번 오지. 우리에게 온 우편이 있을지도 모르겠어."

"내일 저를 시내에 데려다주실 때 알아보세요." 태니가 말했다.

"아, 태니. 네가 도와주니까 정말 좋구나. 네가 떠나지 않는다면 좋으련만." 어머니가 말했다.

"태니, 가지 마." 톰이 졸랐다. "여기서 살면 안 돼? 이렇게 방이 많은데."

"나도 알아!" 태니가 웃었다. "하지만, 톰. 난 마일런에 가서 내가 살 새 집에 들어가야 돼."

"그래도 우리를 보러 자주 올 거지, 태니?" 피트가 말했다.

"나도 물론 오겠지만, 식구들도 나를 만나러 마일런에 오세요. 곧 철도가 곳곳에 놓일 텐데, 기차타고 여행하는 게 뭐가 어렵겠어요?"

다음 날 오후 에디슨 씨는 태니를 데리고 포트 휴런 역으로 갔다. 그는 돌아오는 길에 디트로이트 시의 신문 **프리 프레스**를 사왔다. 나라 전체에서 가장 잘 만든 신문 중의 하나였다.

　가족들은 부엌에 모여 앉아있었고, 에디슨 씨는 신문의 헤드라인을 소리내어 읽었다. 매튜 페리라고 하는 해군 제독이 거대한 함대를 지휘한다는 내용이었다.

　1852년 미국의 대통령 밀라드 필모어는 페리 제독에게 많은 배를 주고 일본으로 보냈었다.

　미국은 일본에 미국인들이 들어갈 수 있는 항구를 갖고 싶어했다. 그들은 일본사람들과 무역을 하기 원했다. 페리 제독은 필모어 대통령의 중요한 전갈을 일본인들에게 전달했다. 그리고 그는 중국으로 갔다.

　이제 1854년 페리 제독은 다시 일본의 요코하마 시로 왔다고 신문에서 말했다. 일본 사람들은 미국과 조약을 맺을 준비가 되었다. 그들은 미국 사람들을 위해 항구를 두 개 내주었다.

　"왜 우리가 일본과 무역을 하려고 하죠?" 에디슨 씨가 신문기사를 다 읽자 톰이 물었다.

　"그렇게 해서 나라가 돈을 버는 거란다. 우리는 다른 모든 나라와 좋은 관계를 맺기 원하지."

　에디슨 가족은 저녁 식사 후면 으레 부엌 식탁 주변에

둘러앉는 게 습관이 되었다. 그러면 에디슨 씨가 식구들에게 신문을 읽어주었다. 톰은 그렇게 해서 자기 나라의 역사와 현재 무슨 일이 일어나는지를 배웠다. 그는 그 모든 것을 기억했다.

7.
학교 첫 날

"피트, 엄마와 학교 가는데 같이 가줄래?" 톰이 외투를 입으며 졸랐다. 오늘은 월요일이고, 그날은 곧 학교를 가는 날이다.

"오늘은 학교 첫 날이니까, 그렇게 할게. 하지만 내일부터는 혼자 가는 거야. 알았지? 학교에 가고 싶지 않아?" 피트가 물었다.

톰이 대답하기도 전에 에디슨 부인이 집 앞 포치로 나오자, 모두 같이 학교로 떠났다. 학교는 800미터 거리에 있었다. 톰은 처음에 봤던 학교 건물이 얼마나 어둡고 칙칙했었는지 기억이 났다.

그는 선생님을 보지는 못했지만, 마을 아이들이 톰의 집 앞을 걸어가며 하는 얘기를 들었다. 아이들은 뛰어가며 웃으며 소리를 쳤다. 톰은 그들이 "크로포드 선생님이 싫어. 그는 불공평해."라고 하는 말을 들었다.

어느 날엔가는 "크로포드 씨는 수업에 관한 질문이 아니면 아무 것도 질문을 못하게 하셔. 그는 너무 무서워."라고 하는 말을 듣기도 했다.

톰은 자기도 보나마나 학교를 싫어할 거라고 생각했다. 그는 학교에 빨리 가고 싶지 않았으나, 에디슨 부인과 피트는 빨리 걸어갔다. 톰은 새로 산 초록색 도시락과 석판을 겨드랑 밑에 끼고 갔다. 피트가 생일 선물로 준 스케치북과 색연필 세트도 가져갔다. 그는 그것들을 가지고 벌써 그림을 많이 그렸다. 학교에 가는 대신 집에 남아서 숲속의 집을 그리고 싶었다.

"왜 그렇게 빨리 걷는 거야, 피트?" 그가 형과 보조를 맞추느라 간간이 깡총 걸음을 하며 물었다.

석판: 점토로 만든 판으로 종이가 귀한 시절 공책 대신 사용했다.

아이들은 톰을 물끄러미 쳐다보았다.

"돌아가서 할 일이 있거든. 시내의 마차 계류장에 가서 일자리를 구해보려고. 시간에 맞춰 가야해."

"이제 다 왔구나." 에디슨 부인이 말했다. 그들은 학교 마당으로 갔다. 거의 여덟 시가 다 되었다. 아이들은 놀기를 멈추고 각각 자기 책과 석판을 집었다.

"톰, 안녕." 피트가 말했다. "학교를 무서워하지마. 곧

마차 계류장: 손님들이 타고온 말과 말수레를 보관하는 마굿간이나 공간

좋아하게 될 거야." 그는 서둘러 시내쪽으로 걸어갔다. 에디슨 부인이 앞서 학교 건물로 들어갔다.

아이들은 톰을 물끄러미 쳐다보았다. 그들은 오하이오 주에서 온 이 아이가 누군지 매우 궁금했다. 키도 작고, 몸집도 너무 작아 머리가 지나치게 커 보이는 남자아이였다. 샛노란 금발머리가 밝은 회색빛 눈을 덮을락말락했다.

톰은 모든 것에 관심이 많았다. 그는 많은 아이들을 만나게 되어 기뻤다. 지금까지는 자기 나이 또래의 친구가 단 한 명도 없었다.

그가 아이들과 인사를 나누기 전에 어머니가 문쪽에서 불렀다. 톰은 어머니에게로 갔다. 건물 안에 있는 방 하나가 교실이었다. 교실 가운데에는 난로가 있었다. 그 옆에는 검은색 나무통이 두 개 있었고, 장작이 가득 차 있었다. 교실 한쪽 끝에는 커다란 돌로 만든 벽난로가 있었지만 거의 사용하지 않는 것처럼 보였다. 연기 그을음도 없이 깨끗했다.

"톰." 어머니가 말했다. "이 분이 네 선생님 크로포드 씨야."

톰이 올려다 보았다. 크로포드 씨는 키가 매우 컸고, 머리카락은 숱이 많은 검은색이었다. 엷은 파란색의 눈은 톰이 지금까지 본 중에 속눈썹이 제일 진한 눈이었다.

크로포드 씨는 미소를 짓지 않았다. "어머니께서 네가 학교에 간 적이 없다고 하셨다." 그가 말했다. "그러니까 너는 일 학년부터 시작을 해라."

"하지만 크로포드 씨, 전 일곱 살이에요." 톰이 말했다.

"이 학교에서 가장 먼저 배워야 할 것은 선생님께 말대꾸하지 않는 거다. 알겠니, 토마스 알바? 그걸 기억하는 게 좋을 거다. 이제 네 자리를 보여주마." 그가 톰에게 말했다. 그리고 벽난로 근처에 있는 긴의자와 책상으로 갔다.

"아, 여기는 벽난로 옆이라서 좋아요." 톰이 기분이 조금 나아진 듯이 말했다.

"그 벽난로에는 불을 때는 법이 없다. 교실 가운데 있는 난로만으로도 충분해. 벽난로에 불을 때면 불꽃을 보느라 학생들의 주위가 산만해지니까."

에디슨 부인은 그때 막 교실에 들어온 소년에게 인사를 건네고 있었다. 곧 학교가 시작되었다.

"에디슨 부인, 이제 가셔도 됩니다." 크로포드 씨가 말했다. "토마스 알바에게 학교에서 필요한 것들을 가져오라고 일러 놓겠습니다. 학생들은 매일 집에서 공부를 해야 합니다. 그럼 에디슨 부인, 안녕히 가십시오." 크로포드 씨는 어머니에게 문을 열어준 후, 다시 교실 앞쪽으로 걸어왔다.

톰은 갑자기 큰 교실 안에 혼자 있는 것처럼 느껴졌다. 그는 어머니에게 인사도 못했다. 다른 아이들은 모두 톰을 쳐다보고 있었다.

크로포드 씨는 교실 앞에 서서 기다란 막대기로 책상을 두드렸다.

"공부 시작이다. 모두 다 앞을 봐라. 새로운 학생은 토마스 알바 에디슨이다. 그는 더 잘할 때까지 일 학년에 있을 거다. 공부를 잘 하면 자기 나이에 맞게 이 학년으로 올라갈 거다."

톰의 첫 번째 수업은 읽기였고, 아무 문제없이 해냈다. 그는 집에서 항상 책을 읽었다. 때때로 그는 아버지가 가져오는 신문을 읽었는데 헤드라인의 단어들을 많이 이해하고 있었다. 만일 모르는 단어가 나오면, 소리내어 철자를 말했다. 그러면 가족 중에 누군가가 그 뜻을 말해주곤 했다.

다음 시간은 펜멘쉽이었다.

"모두 석판을 꺼내라."

수업이 시작되었다. 아이들은 크로포드 씨가 쓰라고 하는 것을 썼다. 톰만 빼고 모든 아이들이 그렇게 했다. 톰은 석판 위에 스케치북을 놓고 숲속의 집을 그렸다.

멀리서 크로포드 씨의 목소리가 들렸다. "둥글게, 둥글게, 둥글게. 자, 이제 연필 떼고!" 그러나 톰은 주의를 기울이지 않았다.

"연필 떼라고 했지! 토마스 알바."

그러나 톰의 귀에는 그 소리가 들리지 않았다. 그는 그림을 그리느라 정신이 없었다.

갑자기 교실 안이 조용해 진 것을 느꼈다. 그는 크로포드 씨가 자기를 향해서 걸어오고 있는 것을 느꼈다. 그리고 선생님은 톰의 어깨 위에서 내려다보았다. 그리고 스케치북을 톰의 손에서 낚아챘다.

"토마스 알바 에디슨! 이게 펜멘쉽 하는 거냐?"

펜멘쉽: 영어 알파벳을 단정히 쓰는 법

"아, 아니요…… 선생님. 아니, 크로포드 씨. 이건 저희 새 집이에요." 톰이 말했다. 그는 겁에 질려서 선생님 말씀을 잘 듣지 않은 걸 후회했다. 선생님은 인상을 찌푸렸다. 사실 그는 너무도 화가 나서 눈썹이 오르락내리락 움직였다. '선생님은 화가 나시면 눈썹이 움직이는구나.' 톰이 생각했다.

"토마스 알바, 오늘 오후에 스케치북과 색연필은 집에 갖다 놔라. 다시는 그걸 가져오면 안 된다. 이제 점심시간까지 저 구석에 앉아 있거라."

톰은 구석으로 갔다. 그는 나즈막한 둥근 의자에 앉았다. 그가 어찌나 조용히 앉아 있었던지, 나머지 아이들은 곧 그가 거기에 있다는 걸 잊었다. 톰은 배가 고프기 시작했다. 그러자 어머니가 도시락에 넣어준 온갖 맛있는 것들이 기억났다. 수업은 끝이 없었다. 그러다가 책상을 치는 날카로운 소리에 그가 벌떡 일어났다. 크로포드 씨가 눈 앞에 서있었다.

"책은 치우고 조용히 마당으로 나가거라. 점심시간이다. 가는 길에 떠들면 안 된다. 알겠지?"

톰은 일어나서 도시락을 가지러 갔다. "토마스 알바, 내

책상으로 오너라." 크로포드 씨가 불렀다.

톰은 선생님 책상으로 걸어갔다. 그는 크로포드 씨의 눈썹을 올려다보았다. 눈썹이 더 이상 오르락내리락 하지 않았다. 아마도 선생님이 더이상 화나지 않으신 것 같았다.

"모든 학생은 선생님에게 집중을 해야한다. 너는 학교에 읽기와 쓰기, 산수를 배우러 왔다. 그림을 그리고 있다가는 그런 걸 배울 수가 없다. 난 그림엔 관심이 없어." 그는 톰의 그림을 집어서 찢었다. "이제부터, 토마스 알바. 너는 내 말을 잘 듣고, 내가 하라는 대로 해야 한다. 알겠니?"

"네, 크로포드 씨."

"가서 점심을 먹어도 된다."

톰은 천천히 자기 자리로 돌아왔다. 그리고 도시락을 꺼내려고 했다. 그런데 도시락이 없었다! 의자 밑을 살펴보았다. 책상 뚜껑도 열어 보았다. 맛있는 그의 도시락이 온데간데 없어졌다. 거기에는 커다란 진저브레드기 들어 있었건만……. 톰은 점점 더 배가 고파졌다.

그는 마당으로 나갔다. 나무 아래에 남자아이들 몇 명이 앉아서 먹으며 웃고 있었다.

"내 초록색 도시락 못 봤어?" 톰이 물었다.

"마이클 오츠가 초록색 도시락을 가지고 있는 걸 봤어." 머리가 빨간 소년이 말했다. "저기 짙은 파란색 셔츠를 입은 아이야. 4학년이야."

"저기 짙은 파란색 셔츠를 입은 아이야. 4학년이야."

톰은 키가 큰 금발 소년에게로 걸어갔다.

"네가 마이클 오츠야?" 그가 물었다.

"응. 그런데 왜?" 마이클이 말했다.

톰은 빨간 색 머리의 소년을 손가락으로 가리켰다. "저 애가 그러는데, 네가 내 도시락을 가지고 있대."

마이클은 잠시 놀란 듯한 표정을 지었다. 그러더니 웃음을 터뜨리며 껄껄거렸다.

"내가 그걸 감춰놓고, 네가 그걸 찾느라 쩔쩔매는 모습을 보려고 했지. 하지만 너는 이미 혼이 날대로 났구나. 더 이상 놀리면 안 되겠어. 그 '크로피시'가 네게 맛을 보여준 거야. 하지만 계속 그러진 않을 거야. 그에게 말대꾸해서 좋을 건 하나도 없어."

그리고 마이클은 톰에게 도시락을 주었다. "톰, 여기 앉아서 나랑 내 친구 제임스 클랜시랑 같이 먹어."

"톰, 네 그림 어쨌어?" 제임스가 말했다.

톰은 크로포드 씨가 찢어버렸다고 말했다.

"나도 그림을 그릴 수 있다면 얼마나 좋을까?" 마이클이 말했다. "그러면 크로포드 씨 그림을 그릴 텐데. 그가 교실 구석의 낮은 의자에 쭈그리고 앉아있는 모습을 말이야. 그러면 그의 무릎이 턱을 받치고 있을 거야."

소년들은 크로포드 씨가 오늘 톰이 앉아 있던, 구석의

크로피시: Crawfish 가재, 크로포드와 소리가 비슷하다.

작은 의자에 앉은 모습을 상상하며 웃고 또 웃었다.

그때 종소리가 크게 울렸다. 오후 수업 시간을 알리는 소리였다. 톰은 학교가 그렇게 괴로운 곳만은 아니라고 생각했다. 특히 점심시간만큼은.

8.
지하 실험실

3월과 4월은 톰에게 몹시 느리게 지나갔다. 그는 학교에서 많은 친구들을 사귀었다. 하지만 크로포드 씨와는 친구가 될 수가 없었다. 선생님은 톰이 하는 질문을 한 번도 좋아하는 법이 없었다. 불쌍한 톰은 여러 날을 구석에 있는 의자에 쭈그리고 앉아있어야 했다.

  5월 어느 날, 톰은 책을 모두 싸서 들고 집으로 달려 들어왔다. 모자가 그의 회색빛 눈 바로 위까지 덮여있었다.

  "엄마! 엄마! 다시는 학교에 안 갈래요!"

에디슨 부인이 부엌에서 달려왔다. 톰이 거실로 들어왔다. "어머나, 톰. 무슨 일이니? 왜 학교를 안 가겠다는 거지? 무슨 일이 잘못됐니?"

"크로포드 씨가 저한테 '머리가 꽉 막혔다'고 하셨어요. 엄마, 머리가 꽉 막힌 게 무슨 뜻이죠?"

"그것은 네 머리가 생각을 제대로 못한다는 뜻이야." 어머니가 말했다. "하지만 난 그렇지 않다는 걸 안다."

"읽기 시간이었는데요." 톰이 설명했다. "오하이오 강에 관한 글이었어요. 그것은 위쪽으로 흘러가요. 휴런 강은 그렇지 않은데. 저는 크로포드 씨에게 어떻게 물이 위로 흘러가는지 여쭤봤어요. 그러자 그는 책을 탁! 덮었어요. 그리고 주먹으로 책상을 쾅! 치고 저에게 오셨어요. 눈썹을 오르락내리락하며 말씀하셨어요. '토마스 알바, 너는 항상 말도 안 되게 많은 질문을 한다. 넌 머리가 이상해. 꽉 막혔어.'"

"톰, 널 다시는 그 학교에 보내지 않겠다. 너는 당당히 질문할 권리가 있어. 만일 크로포드 씨가 좋은 선생님이라면, 네가 흥미를 가지고 호기심이 많은 걸 좋아하셨을 거야. 사람은 그렇게해서 배우는 거란다. 절대로 질문하는 걸 그만둬서는 안 된다. 그 문제가 네 마음 속에 분명해질 때까지 계속 질문을 해야 해."

"엄마, 학교에 안 가면 어떻게 배우죠?"

"엄마가 집에서 널 가르쳐 줄게. 날씨가 좋으면 포치에 나가서 공부하고. 그때까지는 여기 난로 옆에서 하자. 재미있을 거야."

"하지만 엄마, 산수를 할 줄 아세요?" 톰이 물었다.

에디슨 부인이 웃었다. "톰, 엄마가 그 정도는 할 줄 안단다. 산수문제도 풀고. 거실에 있는 책을 모두 읽자. 우리나라 역사도 배우고, 다른 나라 역사도 배우고. 그래 톰, 바로 그거야. 너는 집에서 얼마든지 배울 수 있단다."

다음 날 에디슨 부인은 크로포드 씨를 찾아갔다. 톰이 더 이상 그 학교에 오지 않을 거라고 말했다. 크로포드 씨는 톰이 항상 그렇게 바보 같은 질문을 하는지 궁금해했다.

에디슨 부인은 톰에게 말한 그대로 대답했다. 크로포드 씨는 학생들이 질문을 할 때 오히려 기뻐해야 한다고 말했다. 그것이 아이들이 가장 잘 배우는 방법이기 때문이다.

톰은 집에서 하는 공부를 몹시 좋아했다. 날씨가 점점 따뜻해지자, 그들은 집 앞 포치에서 공부를 했다. 다른 아이들이 에디슨네 집을 지나 학교로 걸어갔다. 그럴 때마다 자기들도 에디슨 부인에게서 배울 수 있다면...... 하고 바랐다. 톰의 어머니와 톰은 항상 재미있어 보였다. 그들은 공부를 하면서도 웃었기 때문이다.

소년들 중의 한 명은 숲속의 집에 자주 찾아왔다. 그는

그들은 집 앞 포치에서 공부를 했다.

전에 톰의 도시락을 감추었던 마이클 오츠였다. 이제 마이클은 방과 후와 토요일에 에디슨 씨를 위해서 일했다.

그는 집과 농장에서 필요한 자질구레한 일을 했다. 젖소 세 마리와 닭과 거위를 돌보았다. 헛간을 청소하는 것도 그의 일이었다. 에디슨 씨를 도와 여름 채소를 심기 위한 밭을 갈았다. 때때로 톰은 마이클을 도왔다. 마이클은 열 살이고, 톰은 겨우 일곱 살이었지만, 두 소년은 매우 좋은 친구가 되었다.

그러나 톰은 대부분 너무 바빠서 마이클을 도와주지 못했다. 그는 모든 물질이 어떻게 만들어져 있는지에 호기심을 가졌다. 그는 물건들을 하나하나 살펴보며 그 재료를 연구했다. 그는 컵에 든 물을 보며 그게 어떻게 공기로 만들어졌는지 상상을 해보았다. 어머니가 그렇게 가르쳐주었기 때문이다.

어머니는 톰에게 물질들이 어떻게 만들어졌는지를 연구하고, 새로운 물질을 만들어내기 위해 어떤 재료들을 섞어야 하는지를 공부하는 게 화학이라고 가르쳐주었다.

톰은 리차드 파커라는 사람이 쓴 책을 읽었다. 그는 모든 화학적 실험에 관해서 썼다. 파커 씨에게는 실험실이라는 방이 있는데, 그곳은 여러가지 서로 다른 것을 만드는 곳이다. 그 방에 있는 선반에는 병이 여러 개 있었다. 그 병에는 화학물질이라고 하는 것들이 들어있었다. 어떤 것들은 액체고, 어떤 것들은 고체였다. 톰은 어떤 화학물질들을 서로 합하면 새로운 물질이 만들어지는 것을 배웠다. 그는 파커 씨처럼 실험실을 갖고 싶었다.

숲속의 집 아랫부분에는 커다란 지하실이 있었다. 그 지하실 한쪽에는 에디슨 씨가 나무통에 사과와 감자를 보관했다. 에디슨 부인은 자기가 만든 잼을 모두 지하실에 보관할 계획이었다. 그러나 그러고도 공간이 많이 남았다.

한쪽 구석에는 삐걱거리는 탁자가 있고, 그 위에 선반이 있었다. 에디슨 씨는 톰이 그것을 사용해도 좋다고 허락했다.

어느 날 마이클은 자기 일을 마친 뒤, 톰과 함께 시내로 가서 병을 구했다. 그들은 크고 작은 병들을 구해왔다. 파란색 병, 초록색 병, 그리고 예쁜 빨간색 병도 있었다.

톰과 마이클은 병 30개를 모았다. 두 아이는 톰의 집에 돌아오자마자, 톰이 스케치북을 꺼내서 작은 종잇조각 30개를 잘랐다. 그리고 빨간 연필을 들었다. 그는 각 종

톰은 밀가루풀을 각각의 작은 종잇조각 뒷면에 발랐다.

잇조각에 해골을 그렸다. 그 밑에는 뼈로 엑스자를 만들었다. 해골 위에는 '독약'이라고 썼다.

  이제 톰과 마이클은 부엌으로 갔다. 그리고 밀가루통에서 밀가루를 조금 꺼냈다. 그것을 냄비에 넣고 톰이 물을 섞었다. 톰이 보니 부엌 난로에는 이미 불이 붙어 있었고, 에디슨 부인은 저녁식사로 감자 냄비를 올려놓았다. 그러나 그는 자신의 업무가 훨씬 더 중요했다. 톰은 감자가 끓고 있던 냄비를 옆으로 내려놓고, 밀가루와 물 섞은 냄비를 그곳에 올려놓았다.

 밀가루가 뜨거워지자 톰은 계속해서 저어서 덩어리가 없어지게 했다. 다 끓자 냄비를 난로에서 내렸다. 그리고 식게 내버려두었다. 손가락을 넣어보고 뜨겁지 않을 정도로 다 식었을 때, 마이클과 둘이서 그 밀가루풀을 가지고 지하실로 갔다.

 톰은 밀가루풀을 각각의 작은 종잇조각 뒷면에 발랐다. 그리고 각각의 병에 붙였다. 파커 씨도 자신의 병에 독약이라고 써붙였던 것이다. 그것들은 보기에 아주 근사했다! 반짝이는 병 30개가 선반 두 개에 나란히 놓여 있었다. 톰과 마이클은 뒤로 한 걸음 물러서서 그들의 작품에 감탄을 했다.

 "이제 밖에 나가서 필요한 것들을 더 찾아보자." 톰이 말했다.

 두 소년은 서둘러 마당에 가서 병에 넣을 물질들을 샅샅이 찾아보았다. 닭장 앞에서는 깃털을 찾았다. 헛간에서는 마른 옥수수대를 가져왔다. 그리고 옥수수자루에서 마른 옥수수 알갱이를 모았다.

부엌에서는 설탕을 가져왔다. 부엌 펌프 옆에 있는 찬장에서는 면화를 가져왔다. 톰은 이 모든 것들을 각각 다른 병에 넣었다. 그들은 진짜 화학물질을 살 때까지 그렇게 물질을 모으기로 했다.

그게 톰 에디슨의 첫 번째 실험실의 시작이었다. 에디슨 부인은 그게 엉뚱한 시작이라고 생각했다. 어머니가 저녁 식사 준비를 마저 하려고 부엌에 왔을 때, 감자는 요리가 안 되어 있었다! 톰이 밀가루풀을 만들고 나서 감자 냄비를 다시 난로에 올려놓는 걸 깜빡 잊었던 것이다.

펌프: 상수도가 들어오기 전에는 부엌에 펌프를 설치해서 물을 받았다.

9.
톰의 실험

"마이클, 몇 번 더 실어야하지?" 톰이 그의 친구 뒤를 터벅터벅 따라가며 물었다. 그는 부셸바구니에 사과를 가득 담아 운반하고 있었다. "얼마나 더?"

"그거면 충분할 거야, 톰." 마이클이 사과 바구니를 수레에 실으며 말했다. 그들의 말, 로만은 땅을 발로 긁고 있었다. 빨리 떠나고 싶어서 그러는 것이었다.

톰과 마이클은 여름 내내 채소밭과 과수원에서 일했다.

부셸: 35리터 들이 바구니

에디슨 씨가 그들에게 땅을 조금 떼어주었다. 그들은 스스로 채소를 가꾸어 시내에 가서 팔았다. 사업은 잘 되고 있었다.

  에디슨 씨는 그들에게 수레를 사주었다. 그는 두 소년이 직접 말을 찾아서 고르라고 했다. 톰과 마이클은 포트 휴런 시 전체를 다 뒤져서야 마침내 로만을 발견했다. 그것은 망아지였는데, 등은 길고 가운데가 '푹 꺼져' 있었다. 그래서 이름을 로만이라고 붙였다.

  톰은 어머니와 함께 로마의 역사를 공부했었다. 에디슨 부인은 톰에게 에드워드 기번의 **로마제국의 쇠퇴와 멸망**을 소리내어 읽어주었다. 톰은 그 말이 끄는 수레에 앉자마자, 말의 이름은 로만이라고 해야 한다고 말했다.

  "하지만 왜?" 마이클이 물었다.

  "등을 봐." 톰이 이렇게 말하며 웃었다. "이 말이 걸을 때마다 등이 어떻게 올라갔다가 내려가는지. 로마제국처럼 말이야."

  그것은 마이클에게 역시공부가 되었다. 그는 공부는 모두 톰이 하도록 맡겨두었다. 그리고 톰이 하는 말이라면 뭐든지 다 믿었다. 그는 채소를 키워서 파는 것으로는 돈을 벌 수 없을 거라고 생각했으나, 톰은 다른 사람 밑에서 심부름을 하는 것보다 그 일이 돈을 더 많이 버는 길이라고 했다. 그는 톰의 말을 듣기로 했다.

9월이 되자, 두 소년은 사과를 수레 가득 실었다. 그들은 과일, 감자, 사과, 그리고 온갖 종류의 채소를 팔았다.

톰과 마이클은 시내로 갔다. 그리고 수레를 잡화점 앞에 있는 수레 주차장에 묶어 놓았다. 두 소년은 바구니를 들고 가게마다 들어가서 팔았다. 그러나 때때로 그들은 시내까지 갈 필요도 없었다. 가는 도중에 아주머니들이 집집마다 나와서 그들의 물건을 다 사버렸던 것이다.

그날도 그래서 일이 빨리 끝났다. 톰과 마이클이 포트 휴런에 도착할 때쯤 그들에게 남은 것은 사과 세 바구니가 전부였다. 그들은 주차장으로 가면서 그것을 먹었다.

"톰, 이제 어떻게 할까?" 마이클이 사과를 깨물어 먹으며 물었다.

"화학약품 가게에 가자. 수은을 사야겠어."

"수은이 뭔데?" 마이클이 물었다.

"수은은 은처럼 보이는데, 식탁에 한 방울 떨어트리면, 데굴데굴 굴러가. 작은 은구슬같이 말이야."

두 소년은 바구니를 들고 집집마다 다니며 팔았다.

"그걸 어디에 쓰려고?"

"온도계를 만들 거야." 톰이 우쭐대며 말했다.

"너라면 할 수 있겠지. 난 절대로 못할 거야." 마이클이 수레에서 뛰어내리며 말했다.

두 소년은 화학약품 가게쪽으로 걸어갔다. 톰은 스티븐슨 씨의 가게를 무척 좋아했다. 그곳에는 분명 백만가지 병이 있을 거라고 생각했다. 각각의 병마다 화학약품이 들어있을 것이다. 어떤 것은 색깔이 아주 고왔다.

톰은 매주 돈을 모았다. 그리고 토요일마다 자기 실험실에 필요한 것들을 샀으나 대부분의 돈은 모아두었다. 지난 주에 그는 유황을 샀다. 그것은 샛노란 색깔의 가루였다. 그것을 조금 태우니까 파란색 불꽃이 일었다. 그리고 독가스를 분출했다. 톰은 황급히 실험실에서 뛰쳐나와 신선한 공기를 마셔야했다.

화학약품 가게는 이번이 마지막 방문이다. 이제 자기한테 있는 병 30개가 모두다 차게 된다. 스티븐슨 씨는 톰이 병에 써붙일 수 있도록 화학약품의 이름을 다 가르쳐 주었다. 그는 독약이라고 쓴 종이를 떼내고 진짜 이름을 써붙였다.

물이 든 병에도 그는 H2O 라고 써붙였다. 그것은 물이 두 가지 재료로 만들어졌음을 뜻한다는 것을 톰은 알았다. 수소 2개와 산소 1개였다.

이제 두 소년은 가게로 들어갔다. "톰, 안녕! 마이클, 안녕!" 스티븐슨 씨가 말했다. "오늘은 뭐가 필요하지?"

"수은이 필요해요, 스티븐슨 씨."

"톰, 그건 꽤 비싼건데."

"저는 100달러 가까이 있어요." 톰이 말했다.

약품가게 주인이 길게 휘파람을 불었다. "어디서 그렇게 많은 돈을 얻었지?"

"마이클과 저는 각각 우리 채소밭에서 판 돈을 모았어요." 톰이 설명했다.

"맞아요, 스티븐슨 씨." 마이클이 말했다. "이번 여름 내내 우리가 모은 돈을 세어보니까, 오늘 판 돈까지 다 합하면 우리가 각각 100달러를 벌었어요."

"너희 둘은 정말 의욕이 왕성하구나." 스티븐슨 씨가 말했다. 그는 손을 뻗어 파란색 수은병을 집었다. "오늘 아침 어떤 손님에게 너희 둘 얘기를 했지. 너희 둘은 낮잠 자거나 빈둥거리는 법이 없다고. 여기 수은이 있다, 톰.

2달러야."

톰은 돈을 지불하고 병을 받은 뒤, 마이클과 함께 가게에서 나왔다. 그들은 로만을 풀어서 집으로 갔다.

"마이클." 톰이 말했다. "새가 어떻게 나는지 궁금해. 정말 쉽게 보이거든."

"만일 우리에게 날개가 있다면 우리도 날 수 있겠지." 멀리 까마귀가 날아가는 것을 바라보며 마이클이 말했다.

"분명히 날 수 있는 다른 방법도 있을 거야."톰이 말했다. 그는 오른쪽 눈썹을 찡긋했다. "내 실험실에 세들리츠산 가루가 조금 있어."

"그게 도대체 뭔데?"

"파란색 가루와 흰색 가루를 섞어서 물에 타면 가스가 나와." 톰이 그에게 말했다. "그 가스는 공기보다 가볍거든. 만일……."

"난 싫어, 톰. 절대 안 돼! 난 화학약품은 안 마실 거야." 마이클이 겁에 질린 듯 말했다.

"잠깐, 내가 설명해 줄게, 마이클. 만일 네가 그걸 마시면, 위속에 가스가 가득 차게 돼. 그러면 너는 공중에 붕

세들리츠산: 비등산 Seidlitz

떠서 올라갈 거야. 한번 실험해 보자." 그가 말을 마쳤다. 그리고 로만에게 말했다. "이랴, 로만. 우린 빨리 집에 가야 돼."

　마이클은 집에 가는 동안 한 마디도 하지 않았다. 톰은 마이클이 하늘을 난다는 생각에 마음이 온통 사로잡혀 그것을 눈치채지 못했다.

　그들은 숲속의 집에 다다랐다. 먼저 로만을 헛간에 넣고 오트밀을 한 가득 주었다. 그리고 마이클이 마구를 거는 동안 톰이 그를 불렀다. "다 끝내면 지하실 실험실로 와."

　톰이 앞서 달려가서, 바깥 계단을 타고 지하실로 내려갔다. 그는 자신의 실험실 탁자로 갔다. 선반 위에는 세들리츠산 가루라고 씌여있는 병이 두 개 있었다. 톰은 그 두 병을 내려서 각각의 가루를 조금씩 꺼낸 뒤 다른 병에 넣었다. 그리고 마이클을 불렀다. "빨리, 서둘러! 마이클, 빨리!"

　마이클이 느릿느릿 실험실로 왔다. 그는 기분이 별로 안 좋은 것 같았다.

　"자, 마이클. 이제 세인트 클레어 강 위를 날아다닌다고 생각해봐. 얼마나 근사한지. 아마 디트로이트까지 다 보일 거야, 높이 올라가면. 집들은 인형 집처럼 작게 보이구.”

“나는 디트로이트 보고싶지 않아.” 마이클이 말했다.

“우리가 이 실험을 하고 나면 유명해질 거야, 마이클.” 톰이 말했다. “너는 이 병의 물을 마시기만 하면 돼. 자, 이제 마당으로 나가자.”

톰이 먼저 지하실에서 서둘러 나갔다. 마이클은 느릿느릿 뒤에서 따라갔다.

그가 마당에 나가니 톰이 헛간 앞에 서 있었다. 그는 양손에 각각 유리컵을 들고 있었다.

“마이클, 이리 와. 아무 일 없을 거야. 내가 약속할게.”

“네가 어떻게 알아?” 마이클이 물었다. 하지만 그는 컵을 받았다. 그동안 톰과 함께 지내온 그는 톰이 무엇을 하든 믿을 수 있었다.

톰은 한 쪽 컵에 있는 물을 다른 컵에 부었다. 그러자 즉시 거품이 일었다. “마셔! 빨리 마셔!”

마이클은 그것을 받아 한 숨에 들이켰다.

“이제 날아 봐, 마이클! 날아!” 톰이 흥분해서 소리를 질렀다. “팔을 흔들어!”

마이클은 눈을 크게 떴다. 그는 두 팔을 아래위로 움직였다. 그러다가 갑자기 그 팔을 배로 가져갔다.

"기분이 어때?" 톰이 물었다. "날 수 있겠어?"

"속이 이상해." 마이클이 대답했다. 그리고 집 안으로 뛰어갔다.

마이클은 아팠다. 그는 날지 못했다.

톰은 천천히 지하실로 갔다. 그는 세들리츠산이 든 병을 다시 선반에 올려놓았다. 그때 어머니 목소리가 들렸다.

"속이 이상해." 마이클이 대답했다.

"토마스 알바 에디슨! 이리 와!"

그는 어머니가 매우 화가 나셨다는 것을 알았다. 그렇지 않으면 그의 이름을 그렇게 부르시는 법이 없었다. 톰은 후다닥 계단을 뛰어 올라갔다. 우물쭈물할 때가 아니었다.

에디슨 부인이 뒷문에 서 있었다. "왜 마이클에게 그걸 마시게 했니? 그걸 마셔도 날 수 없다는 걸 잘 알잖니?"

"하지만 그걸 마시면 위에 가스가 생겨요, 엄마. 가스는 공기보다 가볍고. 분명 날 수 있어야 하는데." 톰이 이제 조금 겸손해진 듯 말했다.

"마이클은 아파서 침대에 누워 있어. 그건 정말 위험한 행동이야." 에디슨 부인이 말했다. "오늘 저녁밥은 거르고 자거라. 또 한 가지. 네 실험실에 있는 병들을 모두 없애버려라."

"오, 엄마, 그것만은 제발! 다시는 그러지 않을게요. 약속할게요." 톰이 간청했다. 그는 거의 울음이 나올 것 같았다. 그는 그 병을 모으는 데 몹시 많은 시간을 들였다. 그는 채소를 판 돈으로 그 화학약품을 샀다. 그것들을 모두 버릴 수는 없었다!

"톰, 미안하지만, 그러는 수 밖에 없다." 어머니가 엄하게 말했다.

"제가 실험실 문에 자물쇠를 채우고, 어쩌다가 한 번만 들어가면 안되요?" 톰이 희망을 가지고 물었다.

에디슨 부인은 선 채로 오랫동안 생각을 했다. 톰은 그 실험실에서 많은 것을 배웠다. 마이클의 병은 심각한 것은 아니었다. 만일 톰이 다시는 사람에게 실험을 해서는 안 된다는 사실을 깨닫는다면, 실험실을 없애버리지는 않아도 될 것이다.

"만일 아빠가 오셔서 네 실험실 문에 자물쇠를 달아주신다면, 그 병들을 없애버리지 않아도 좋아. 하지만, 절대로 그것들을 사람에게 마시게 해서는 안 된다. 톰, 분명히 알아들었니?"

"네, 엄마." 톰이 말했다. 그날 저녁 톰은 저녁을 굶고 잠자리에 들었다. 다행히 실험실을 없애지 않아도 되었기 때문에 그나마 배고픔을 견디는 게 어렵지 않았다.

10.
톰의 첫 번째 전신

 에디슨 가족이 숲속의 집으로 이사온 지 4년이 흘렀다. 톰과 어머니는 많은 시간 동안 함께 공부하고 책을 읽었다. 이제 유명한 작가의 책들을 읽기 시작했다. 톰은 데이비드 코퍼필드라는 두꺼운 책을 읽었다. 톰은 그 주인공이 학교를 몹시 싫어했지만 학교에 다녀야했기 때문에 불쌍했다. 톰은 자기가 집에서 공부할 수 있도록 도와주는 훌륭한 어머니가 있다는 사실이 얼마나 큰 행복인지 잘 알았다.

어머니는 톰에게 유명한 프랑스 작가의 소설을 몇 개 읽어주었다. 빅토르 위고였다. 톰은 그 얘기들이 좋아서 어른이 되어서도 위고의 책을 읽고 또 읽었다.

1854년 가을, 톰의 아버지는 집 뒤에 딸린 채소밭 끄트머리에 높은 탑을 지었다. 나무로 된 탑이었다. 30미터 높이였고, 그 꼭대기로 올라가는 나무계단이 있었다. 탑 꼭대기에는 난간이 있었다. 톰은 그곳에 올라가 세인트 클레어 강을 볼 수 있었다. 맑은 날에는 멀리 휴런호까지 바라다보였다.

에디슨 씨는 사람들에게 25센트를 받고 그 탑 꼭대기에 올라가 주변 경치를 구경할 수 있게 해주었다. 처음에는 아무도 그곳에 올라가지 않았다. 그러다가 철도 회사 주인이 기차에 광고를 붙이기 시작했다. 기차 승객들에게 그 탑에 올라가면 아름다운 광경을 볼 수 있다고 알리는 내용이었다.

에디슨 집 맞은편 쪽에는 그라티옷 요새가 있었다. 그것은 세인트 클레어 강변에 있었다. 그 요새는 1686년 프랑스 군인들이 지은 것이다. 인디언의 공격을 방어하기 위해서 지었다. 그후에 프랑스와 인디언들 사이에 전쟁이 일어났을 때 프랑스군은 그 요새로 대피해서 방어를 했다.

그러나 1854년 에디슨 씨가 나무탑을 지을 때 쯤에는 그라티옷 요새에는 군인이 한 명도 없었다. 모두들 그 지역에는 더 이상 전쟁이 없을 것이라고 생각했다.

그 요새는 빽빽한 숲 속에 자리잡았는데, 그 숲은 세인트 클레어 강까지 뻗어있었다. 그곳은 소풍을 가기에 아주 적절한 곳이었다. 포트 휴런에 사는 많은 사람들이 그라티옷 요새로 구경을 오자 톰의 아버지는 돈을 벌기 시작했다. 모두들 그 탑 꼭대기에 올라가고 싶어했다. 그리고 그들은 그라티옷 요새터에서 소풍을 즐겼다.

그러다가 1859년이 되자 그라티옷 요새는 또 다시 군인들로 가득찼다. 이번에는 미국 군인들이었다. 미국 내에 남북전쟁이 일어날지도 모른다는 염려가 있어 그곳에 군인들을 파견한 것이다. 만일 그렇게 되면 북쪽의 주민들은 방어를 위해 요새가 필요하고 군인들을 배치해야 할 필요가 있었다.

톰과 어머니는 방문객이 없는 때에는 그 탑 꼭대기 난간에서 공부하는 것을 좋아했다. 그들은 신대륙 탐험에

모두들 그 탑 꼭대기에 올라가고 싶어했다.

관한 책을 읽었다. 톰은 난간에 서서 자신이 탐험가인 것처럼 상상놀이를 했다. 난간은 근사한 배가 되었다. 그는 두 손을 눈 위에 대고 멀리 강을 내다보았다. 그는 세인트 클레어 강을 거대한 대서양이라고 불렀다. 그리고 그 강을 건너다 보며 어머니에게 이렇게 고함을 쳤다.
"육지다! 육지다!"

톰은 아메리카 대륙을 발견한 것이다.

때때로 톰은 페리 제독이 되었다. 그리고 일본의 천황에게 보내는 전갈을 가지고 요코하마 항구를 향해 항해를 했다. 참 재미있었다. 그뿐 아니라 톰은 지리와 역사를 아주 잘 배울 수 있었다.

이제 톰에게는 마이클 오츠 외에도 특별한 친구가 생겼다. 제임스 클랜시였다. 톰의 집 골목에서 한참을 더 걸어가면 그의 집이 있었다. 제임스와 톰은 이제 열두 살 동갑내기였다.

때때로 제임스는 톰에게 당장 무슨 말을 하고 싶을 때가 있었다. 그러나 서로 너무 멀리 살기 때문에 톰의 집까지 뛰어갈 수가 없었다. 그와 톰은 서로에게 빨리 소식을 주고받을 수단이 있었으면 했다. 그들은 그렇게 할 수 있는 새로운 발명품이 있다는 얘기를 들었다. 전신이었다. 전선의 한 쪽 끝에 있는 사람이 송신기라고 부르는 도구의 쇠막대를 두드린다. 그러면 그의 편지가 전선을 타고 가서 다른 쪽 끝에 있는 수신기에 전달된다.

매일 저녁 에디슨 씨가 가족들에게 신문을 소리내어 읽을 때, 톰은 그 전신에 대해서 생각했다. 아버지는 모든 신문이 전신으로 뉴스를 받는 것이라고 말해주었다.

큰 신문사가 전 세계의 소식을 전신으로 받을 수 있다

그리고 그 병들을 전선으로 감았다.

면, 분명 톰과 제임스도 자기네 집 사이에서 전신으로 연락을 할 수 있을 것이다.

두 소년은 날마다 그 아이디어를 궁리했다. 그들은 포트 휴런의 양철공 가게에 가서 상당히 긴 전선을 구입했다. 그것으로 톰의 집에서 제임스의 집까지 연결할 수 있었다. 그리고 낡은 병들을 여러 개 수집했다. 마침내 그들은 자신들을 위한 전신 장치를 만들기 시작했다. 그들은 각각의 병에서 병목을 조심스럽게 깨트렸다. 그런 뒤 길을 따라 서 있는 나무와 나무 담장에 그 병들을 못으로 박아 고정시켰다. 그리고 그 병들을 전선으로 감았다. 전선의 양쪽 끝에는 수신기와 송신기를 만들어 붙였다. 두 소년이 작업을 하는 동안 톰 집에서 기르는 고양이 태비가 톰의 다리에 몸을 문질렀다. 그때 톰에게 새로운 아이디어가 떠올랐다.

"그게 무슨 뜻이야, 톰?" 제임스가 물었다.

"잘 봐." 톰은 태비를 탁자 위에 올려놓았다. 고양이는 그다지 싫어하는 것 같지 않았다. 톰은 긴 털만 나 있는 고양이 꼬리를 전선 아래에 놓았다. 그 전선 끝에는 구리로 만든 키(손잡이)가 달려 있었다.

"제임스, 만일 태비의 털에서 전기를 충분히 생산한다면, 우리는 배터리를 살 필요가 없어. 네가 태비의 털을 문질러 봐. 털의 결과 반대로 말이야." 톰이 태비의 등을 문지르기 시작했다.

그러자 태비는 지독한 소리로 울부짖으며 발톱을 긁었다. 톰과 제임스는 태비가 그렇게 괴로워하는 소리는 처음 들었다. 그러다가 태비가 갑자기 꼬리를 휙 잡아당기더니 달아나버렸다.

"제임스, 이건 참으로 근사한 아이디어지만, 태비가 그렇게 좋아하는 것 같진 않다, 그렇지?" 톰이 웃었다.
"아무래도 배터리를 사야겠어. 그리고 해드폰 두 개도."
두 소년은 배터리를 사서 전신 장치에 연결시켰다. 이제 그들의 첫 전보를 보낼 준비가 되었다.

톰과 제임스는 모르스 부호를 공부했다. 그것은 사무엘 모르스라는 사람이 전기를 통해서 편지를 보내기 위해서 고안한 것인데, 그 부호는 알고 보면 알파벳을 소리로 바꾼 것이다. 각각의 부호는 점과 막대를 서로 다르게 조합한 것이다. 편지를 보내는 사람은 그 부호에 맞추어 키를 두드린다. 키를 짧게 누르면 점이고, 조금 더 길게 누르면 막대를 의미한다. 편지를 받는 사람은 받은 부호를 점과 막대로 받아 적는다. 예를 들면 'A'는 ·−, 'B'는 −··· 이다. 톰과 제임스는 즉시 시험에 들어갔다.

　제임스는 집으로 달려갔고, 그가 집에 도착할 때쯤 톰이 그에게 첫 번째 전보를 보내기로 했다.

　드디어 제임스는 수신기 앞에 앉았다. 짧은 소리, 긴 소리가 계속 번갈아 들렸다. 그는 너무도 흥분해서 어쩔 줄 몰랐다. 그는 그 소리를 듣고 이렇게 받아 적었다.

···· · − − ··

　톰이 보낸 전보는 "안녕(Hello)" 이었다.

　톰과 제임스는 그들만의 전신 장치를 발명한 것이다. 그 이후로 두 소년은 끊임없이 서로에게 전보를 보냈다.

　톰은 아버지에게 키를 어떻게 사용하는지 가르쳐 드렸다. 어느 날 저녁 에디슨 씨는 제임스에게 전보를 보냈다. 그것은 "내가 누굴까?" 였다.

　제임스가 답장을 보냈다. "에디슨 씨." 그는 톰이 아니란 걸 대번에 알았다. 전신을 보내는 속도가 너무도 느렸기 때문이다!

11.
기차에서 일자리를 얻다

1859년의 여름은 재빨리 지나갔다. 톰과 어머니는 변함없이 날마다 함께 공부를 했다. 그러나 그들은 더 이상 탑 꼭대기의 난간에서 수업하지 않았다. 에디슨 씨는 그것을 허물어야 했다. 그것은 조금씩 흔들리기 시작했고, 올라가기에는 너무 위험해졌던 것이다.

피트는 이제 포드 휴런에 살았다. 그는 미차 계류장에서 좋은 일자리를 가지고 있었다. 그는 너무 바빠져서 한 달에 한 번 정도 밖에는 집에 올 수가 없었다.

어느 날 저녁 에디슨 씨가 서둘러 부엌으로 왔다. 톰은 어머니가 저녁식사 준비하는 것을 돕고 있었다.

"좋은 소식이 있어." 그가 자리에 앉으면서 말했다.

"무슨 소식인데요, 아빠?" 톰이 물었다.

"그랜드 트렁크 철도가 드디어 완성이 됐어. 이제 우린 포트 휴런에서 디트로이트까지 직통으로 달릴 수 있어."

새로 놓은 철도는 캐나다에서 시작해서 세인트 클레어 강까지 연결이 되었다. 그것은 에디슨의 농장 맞은편에 있는 그라티옷 요새 철도역에서 정차했다. 최근 몇 달 동안 톰은 세인트 클레어 강의 미시간주 편에서 인부들이 철도를 놓고 있는 것을 관찰했다. 그들은 매우 열심히 일했다. 드디어 기차가 그 철도를 달려 포트 휴런까지 오게 되었다.

"새뮤얼, 무슨 말인지 모르겠군요." 에디슨 부인이 말했다. "어떻게 기차가 세인트 클레어 강을 건넌다는 거죠? 기차가 물 위를 달릴 수는 없을 텐데."

"기차를 연락선에 싣고 건너는 거예요." 톰이 설명했다.

"하지만, 톰, 어떻게 그렇게 할 수가 있지?" 어머니가 물었다. "기차는 철도가 있어야 하잖니?"

"연락선에다 철도를 설치할 거예요. 엔지니어들이 연락선을 캐나다쪽으로 가져가서, 철도의 크기가 육지의 철도와 맞게 만들 거예요. 그러면 기차가 연락선 안으로 들어올 수 있죠." 톰이 설명했다.

"이 세상은 몹시 빨리 돌아가는구나." 어머니가 탁자에 음식을 놓으며 말했다. "저녁식사가 준비됐어요."

저녁식사 후 에디슨 씨는 주머니에서 **디트로이트 프리 프레스** 신문을 꺼냈다. 그리고 그 신문을 톰에게 주었다.

"톰, 네가 읽어 봐라. 1면에 난 기사가 너한테 대단히 흥미로울 거다."

톰은 어머니와 아버지 앞에서 소리내어 읽었다. 신문기사는 다음날 포트 휴런에서 있을 축제행사에 관한 것이었다. 그 축제는 철도 완공을 축하하는 행사였다. 그 철도는 캐나다쪽 해안에서 오는 최초의 철도였다. 그것은 그라티옷 요새에서 연락선을 타고 세인트 클레어 강을 건넌 뒤 포트 휴런과 디트로이트로 간다.

커다란 새 기관차와 밝은 색으로 페인트 칠을 한 객차가 세 칸 있을 것이다. 포트 휴런 시민들이 그 새 기차를 처

세인트 클레어 강의 한쪽 해안은 캐나다, 반대 쪽 해안은 미국이다.

음으로 타게 된다. 포트 휴런 주변의 주민들에게 시내로 와서 첫 번째 기차여행을 구경하라고 했다.

첫 번째 날은 짧은 여행이지만, 두 번째 날은 디트로이트까지 여행할 것이다.

"아, 아빠!" 톰이 말했다. "저도 가서 보면 안 돼요? 네? 네?"

"낸시, 어떻게 생각해요?" 에디슨 씨가 물었다. 그리고 어머니에게 윙크를 보냈다.

"우리 모두 함께 가죠." 어머니가 말했다. "그러니 오늘 밤에 일찍 자고, 내일 아침 일찍 서둘러야겠어요."

다음 날 에디슨 가족은 포트 휴런으로 갔다. 11월의 기온은 춥지만 맑은 날이었다. 길은 사람들로 북적거렸다. 모두들 새 철도를 보려고 시내로 가고 있었다. 모두들 최고로 좋은 옷을 차려입었다. 모두다 수레를 타고 길을 지나가며 웃고 노래를 불렀다. 톰은 너무 신이 나서 모자를 깜빡 잊어버리고 나왔다. 그의 머리카락이 바람에 휘날렸다. 그의 회색빛 눈은 크고도 반짝였다.

포트 휴런의 철도역 주변에는 너무 사람이 많아서 톰은 철도를 볼 수가 없었다. 그는 이제 열두 살이었지만 여전히 키가 작았다. 그는 사람들을 밀치며 나갔다. 예나 다름없이 그는 너무 흥분하고 신이 나서 어머니와 아버지 곁에서 사라져 버렸다.

그 철도 위에는 톰이 여태까지 본 것 중 가장 아름다운 광경이 보였다. 그것은 장작을 태우는 커다란 나무 기관

그는 옆에 서 있는 키 큰 어른을 올려다

차였다. 바퀴는 새빨간 페인트로 칠해져있었다. 기관차 외부는 반짝거리는 놋으로 둘러쌌다.

 기관차 뒤에는 새로 만든 나무로 된 객차가 세 칸 있었다. 샛노란 색깔이었다. 옆면에는 아름다운 그림이 그려져 있었다. 첫 번째 객차에는 나이아가라 폭포가 그려져

보았다. "정말 멋있죠?" 그가 말했다.

있었다. 두 번째 객차에는 산들이, 그리고 마지막 객차에는 호수가 그려져 있었다.

톰은 너무 좋아서 가만히 서 있을 수가 없었다. 그는 옆에 서 있는 키 큰 어른을 올려다보았다. "정말 멋있죠?" 그가 말했다.

"정말 그렇구나, 얘야." 그도 동감이었다. 그는 매우 키가 컸고, 톰이 지금까지 본 담배파이프 중 가장 큰 것을 물고 있었다.

"굴뚝은 마치 높은 실크햇 같아요." 톰이 말했다.

"그렇구나." 그 사람이 말했다. "기관차의 앞부분은 마치 여자들 드레스같지 않니?"

그들은 함께 웃었다.

"근데 혹시……" 톰이 멈췄다. 왜냐하면 파이프를 입에 문 그 키 큰 어른이 막 달려온 그의 친구에게 몸을 돌렸기 때문이다. 그 친구가 말했다. "포트 휴런에서 디트로이트까지 이 기차에서 신문과 캔디를 판매할 소년이 필요해."

톰의 두 귀가 쫑긋 섰다. 자기가 방금 말을 섰었던 그 남자는 이 철도회사와 무슨 관련이 있는 게 틀림없었다. 그

실크햇: silk hat 까만 색 비단으로 만든 원통형의 남자용 모자

의 머리는 재빨리 움직였다. 실험실에는 더 많은 기구가 필요했다. 그 일을 하면 실험실에 더 많은 화학약품을 살 수 있지 않겠는가?

톰은 파이프를 문 키 큰 어른에게 말했다. "제가 그 일을 하면 어떨까요?"

그는 톰을 내려다보았다. "너는 꽤 어린데? 몇 살이니?"

"저는 열두 살이에요. 하지만 2월이 되면 열세 살이 돼요. 지금이 벌써 11월이잖아요. 저는 작지만 힘이 세요. 그리고 여러가지 일을 할 수 있어요."

잠시 동안 그 두 사람은 얘기를 나누었다. 두 번째 남자가 톰에게 몸을 돌렸다. "네 부모님은 어디 계시지?"

"가서 모시고 올게요. 여기 군중들 사이 어딘가에 계세요."

그는 주변을 돌아보다가 사람들 위로 솟아있는 아버지의 얼굴을 보았다.

"아빠! 아빠! 빨리 오세요!" 톰이 소리쳤다.

톰의 아버지와 어머니가 급히 왔다.

"톰." 어머니가 말했다. "너는 이 기차가 포트 휴런에서 달아나는 것 보다 더 빨리 우리한테서 달아나는구나. 네가 달아날 때는 말을 해줬으면 좋겠어."

 톰은 너무 들떠서 어머니가 하는 말을 귀담아 듣지 않았다. 그는 부모에게 자기가 새 기차에서 일을 하겠다는 계획을 말했다. 두 남자는 에디슨 부부에게 말했다. 마침내 그들은 톰에게 그 일을 맡기기로 했다.

 톰은 직업다운 직업을 가질 만큼 나이가 들어가고 있었다. 그러나 이제껏 대부분의 시간을 실험실에서 보냈다. 에디슨 부인은 그가 바깥 공기를 더 많이 쐬야 한다고 생각했다. 그리고 그 일자리는 지하실에서 그를 끌어낼 좋은 기회였다.

 톰은 다음 날 아침 여섯 시 반까지 철도역으로 오겠다고 두 남자에게 말했다. 기차는 일곱 시에 디트로이트로 출발할 것이다.

 그리고 에디슨 가족은 기관차를 구경했다. 연기가 그 '높은 실크햇'에서 뿜어져나왔다. 그리고 칙칙푹푹 소리를 냈다. 마침내 새 철도를 따라 달리기 시작했다. 첫 번째 여행을 시작한 것이다.

 남자들은 모자를 공중 위로 던져 날렸다. 휘파람을 불며 고함을 쳤다. 대단한 장관이었다. 그랜드 트렁크 철도가 포트 휴런으로 들어왔고, 톰의 첫 번째 직업은 바로 그 기차에서 일하는 것이었다.

12.
지하 철도

1860년이었다. 톰은 11월 이후 계속해서 그랜드 트렁크 철도회사에서 일했다. 매일 아침 여섯 시 십오 분이면 강의 캐나다 쪽 해안에서 기차가 경적을 울렸다. 그것은 톰에게 보내는 신호였다. 그것은 또한 연락선에 보내는 신호였다. 기차가 세인트 클레어 강을 건너 해안으로 들어올 준비가 되었다는 뜻이었다.

기차가 강을 건너 미시간에 올 때 쯤이면 톰은 이미 옷을 입고 아침 식사를 마쳤다. 에디슨 부인은 매일 아침 든

든한 식사를 준비해주었다. 때때로 톰은 디트로이트에서 점심 먹는 것을 잊어버렸다. 에디슨 부인은 그것을 잘 알기 때문에, 그가 하루 종일 버틸 수 있도록 아침 식사를 많이 주었다.

톰은 기차에서 신문과 잡지를 팔았다. 또한 캔디, 햄샌드위치, 땅콩도 팔았다.

대부분의 사람들은 짐이 너무 크지 않으면 그것을 자리에 가지고 탔다. 짐차는 손님들의 짐과 우편물을 합해서 반 정도 밖에 차지 않았다. 나머지 반은 담배 피우는 공간이었다. 그러나 담배 연기를 밖으로 내보낼 방법이 없었기 때문에 승객들은 그곳에 앉기를 싫어했다. 톰은 그의 신문과 캔디, 땅콩, 샌드위치를 그 공간에 보관했다.

아침 열 시면 기차가 디트로이트에 도착했다. 그리고 오후 네 시 반이 되어야만 다시 포트 휴런을 향해서 출발했다. 톰은 디트로이트에서 많은 시간을 보내야 했다.

"톰, 기차가 멈춰있는 동안 디토로이트에서 뭘 하니?" 어느 날 저녁 포트 휴런으로 돌아가는 길에 차장이 물었다.

"도서관에 있는 책을 전부 읽기로 했어요." 톰이 그에게 말했다. "그러면 이 세상에 있는 것들을 다 알 수 있을 테니까요. 도서관에 가서 선반 길이를 재봤어요. 일 주일 동안 선반의 30센티 길이만큼 꽂혀있는 책을 다 읽을 거예요."

"다 읽었니?" 차장이 물었다.

"11월 이후 매주 다 읽었어요." 톰이 말했다. "하지만 아무리 읽어도 끝이 없어요. 왜냐하면 도서관에는 계속해서 새 책들이 들어오거든요. 그래서 결국 과학에 관한 책만 읽기로 했어요. 그러면 일 주일에 선반의 30센티만큼 읽는 게 그리 어렵지 않아요. 과학책은 새로운 책이 그렇게 많이 들어오지 않거든요."

"그리고 또 뭘하니?"

"글쎄요. 어떤 때는 디트로이트 기관차 공장에 가요."

톰은 그곳에서 인부들 여러 명과 친구가 되었다. 그들은 톰이 작업장에 들어오도록 허락해주었다. 그는 인부들이 기관차 부품 만드는 것을 관찰했다. 그는 인부들이 커다란 금속판들을 거대한 용광로에 넣는 것을 보았다. 그 금속판들은 매우 뜨거워져서 나올 때는 흰색이 되었다. 톰은 그들이 일하는 모습을 관찰하는 것에 싫증낼 줄 몰랐다.

톰은 점심을 먹을 만한 좋은 식당을 발견했다. 많은 사람들이 피니의 식당에서 먹었다. 처음에 그들은 톰과 얘기하고 싶어하지 않았다. 그들은 톰이 기차에서 일하기에는 너무 어리다고 생각했기 때문이다. 톰은 이제 제법 키가 자랐다. 그러나 여전히 비쩍 말라 있었다. 사람들은 그가 열세 살이라고 하면 믿으려고 하지 않았다.

  그러나 얼마가지 않아 그들은 톰을 인정하기 시작했다. 그들은 톰이 힘이 넘치는 소년이라는 점에 감탄했다. 그들은 그렇게 어린 소년이 그렇게 열심히 일하는 것은 매우 보기 드문 일이라고 생각했다. 그들은 톰이 그렇게 많은 책을 읽은 것에 놀랐다. 그는 점심 먹을 때 항상 책이나 신문을 옆에 두고 먹었다.

  신문에는 사람들이 두려워하는 남북전쟁에 관해서 많은 내용이 보도되었다. 톰은 미국인들이 서로 싸워야하다니 매우 슬픈일이라고 생각했다. 마치 미국 안에 두 개의 서로 다른 나라가 존재하는 것 같았다. 남과 북이었다. 남부의 어떤 주들은 더 이상 미합중국에 속하지 않으려고 했다. 그들은 분리되어 새로운 정부를 만들고 싶어했다. 그들은 북부와 마음을 합할 수가 없었다.

그는 점심 먹을 때 항상 책이나 신문을 옆에 두고 먹었다.

 톰은 자기가 피니의 식당에서 몇 주간 점심을 먹는 동안, 식당 한쪽에는 늘 흑인들이 앉아 있다는 것을 깨달았다. 최근 신문에서 지하 철도(underground railroad)에 대한 기사를 읽었다. 톰은 그게 진짜로 지하를 달리는 철도가 아니라는 것을 알고 있었다. 그것은 노예들이 몰래 도망가는 비밀 통로를 가리키는 이름이었다.

 남부와 북부 선역에는 흑인들이 캐나다로 도망갈 수 있도록 도와주는 백인 가족들이 많았다. 흑인들은 그 백인들이 자기들의 친구라는 사실을 알았다. 그런 백인들의 집에 가면 하루 종일 안전하게 숨어있을 수 있었다. 그곳에서 식사도 하고 잠도 잤다.

그리고 그 다음 날 밤이 되면 흑인들은 계속 북쪽으로 올라갔다. 피니의 식당은 지하철도의 디트로이트 '기차역'이었다. 흑인들은 그곳에서 식사 대접을 받았다. 때때로 그들이 곧바로 강을 건너 캐나다로 가는 게 위험할 때가 있었다. 그러면 그들은 피니의 식당에서 밤을 묵었다. 그들이 마침내 캐나다에 도착하면, 그들은 자유롭게 살 수 있었다.

피니의 식당에서 식사하는 사람들은 모두 그 흑인 노예들에 대해서 관심이 있었다. 그들은 노예제도에 관해서 자주 대화를 나누었다. 그들은 만일 남북전쟁이 일어난다면 노예들이 해방될 것이라고 말했다.

그들은 아브라함 링컨이 미국의 다음 대통령이 되기를 바랐다. 그들은 링컨이 모든 주를 미합중국에 통합하기를 원한다는 것을 알았다. 그는 또한 노예를 해방시키기 원했다. 평범한 서민들은 모두 링컨을 좋아했다. 피니의 식당에 오는 손님들은 링컨을 좋아하고 그를 신뢰했다. 톰도 링컨을 좋아했다.

1859년 11월 이후는 톰에게 흥미로운 시절이었다. 그는 점점 더 키가 자랐다. 그는 온갖 종류의 사람들과 대화를 했고, 그들이 말한 것을 모두 기억했다. 그는 날마다 기차에서 신문을 읽었다. 그러나 이 모든 분주함 가운데에서도 자기 실험실을 잊지 않았다.

이제 톰의 실험실에는 병이 200개가 되었다. 그는 여러 가지 종류의 실험을 했다. 새로운 실험에 관한 내용을 읽을 때마다 디트로이트의 화학약품점에 갔다. 그것은 포트 휴런에 있는 가게보다 훨씬 더 큰 가게였다. 그는 그 디트로이트 가게에서 필요한 것을 거의 다 구입할 수 있었다.

톰이 자기가 디트로이트에서 지낸 일들을 차장에게 모두 말하고 나자, 포트 휴런에 정차했던 기차가 다시 출발했다. 그리고 기차가 세인트 클레어 강의 연락선에 올라타려고 속도를 늦출 때쯤, 톰은 내릴 준비를 했다.

톰의 친구 제임스 클랜시가 그라티옷 요새가 있는 숲 입구에 나와서 그를 맞이했고, 두 사람은 함께 집으로 갔다.

13.
달리는 실험실

"톰, 우리 부모님이 허락하실지 모르겠어." 제임스가 말했다.

"넌 이제 열세 살이야. 네 스스로 돈을 벌 나이가 된 거지." 톰이 말했다.

그 전날 포트 휴런 역의 역장이 톰에게 다음 주면 그랜드 트렁크 철도에 기차가 두 칸 더 더해질 것이라고 말했다. 한 개는 반반씩 나눠서 일반인과 담배 피우는 사람이 사용하게 될 것이다. 철도 엔지니어들은 마침내 흡연 객차에서 신선한 공기를 마실 수 있는 방법을 고안해냈다.

담배연기는 창밖으로 내뿜고 사람들의 눈에 들어가지 않을 것이다. 또 다른 기차 한 개는 짐과 우편물 차로 사용될 것이다.

톰은 역장에게 기차의 반을 차지하는 우편물 칸의 일부를 사용해도 되는지 물어보았다. 그는 기차 안에 실험실을 만들고 싶었다. 집에서 실험할 시간이 충분치 않았기 때문이다. 그는 늘 밤 열시 반이나 되어야 집에 도착했다.

에디슨 씨는 톰이 올 때까지 자지 않고 기다렸다. 왜냐하면 톰이 항상 디트로이트와 뉴욕의 최근 신문을 가져오기 때문이었다. 에디슨 씨가 그 신문을 소리내어 읽으면, 톰은 그것을 듣고 제임스에게 전보를 쳤다. 때때로 그들은 할 말이 너무 많아 자정이 될 때까지 전보를 쳤다. 에디슨 씨는 열세 살 소년이 그렇게 늦게 자는 것은 좋지 않다고 생각했다.

톰에게 좋은 아이디어가 떠올랐다. 밤마다 집에 신문을 가져오는 것 보다, 제임스가 역에 나와서 톰에게서 신문을 받아가는 것이다. 그리고 제임스는 새로운 소식을 전보로 톰에게 알려준다. 톰은 그것을 모르스 부호로 받아적는다. 그리고 톰은 그 소식을 아버지에게 읽어드린다.

그게 얼마나 재미있었든지, 에디슨 씨는 밤이 늦는 것도 잊어버리곤 했다.

톰과 제임스는 이제 전보 치는 것에 능숙해졌다. 그들은 사람이 말하는 것처럼 빨리 전보를 보낼 수 있었다.

역장은 톰에게 우편칸에 그의 실험실을 만들어도 좋다고 허락해주었다. 톰은 제임스가 자기를 도와주기를 원했다. 제임스가 기차에서 판매를 대신 해주면, 톰은 실험실에서 일을 할 수가 있었다.

톰은 제임스와 함께 제임스 부모님께 갔다. 클랜시 부부는 결국 제임스가 톰을 도와줘도 좋다고 결정을 내렸다.

어느 맑은 12월 아침, 두 소년은 마음을 설레며 침대에서 벌떡 일어나 내려왔다. 오늘은 제임스가 처음으로 톰과 함께 기차를 타는 날이다. 두 소년은 그 전날 실험실의 모든 병과 기구를 포트 휴런 역에 가져다 놓았다.

그들은 연락선이 정박하는 지점에서 만났다. 기차는 막 세인트 클레어 강의 미국 쪽 해안의 철도로 올라왔다.

톰은 항상 기차가 연락선에서 육지로 들어오는 것을 유심히 관찰했다. 연락선과 육지의 철로는 너무도 완벽하게 잘 맞아서 자세히 들여다보지 않으면 그 둘이 어느 지점에서 맞닿는지 분간할 수 없을 정도였다.

두 소년은 기차에 올라 우편차로 갔다. 그곳에는 톰이 실험기구들을 놓을 수 있는 기다란 탁자가 있었다. 그 위에는 촛불을 놓을 수 있는 금속 촛대가 있었다. 탁자 위에는 우편물을 놓기로 되어 있는 선반이 있었다. 우편물이 그렇게 많은 적이 없기 때문에, 역장은 톰이 그 선반 위에 병들을 올려놓아도 된다고 말했다.

몇 분 후 기차가 포트 휴런 역으로 들어왔다. 톰과 제임스는 기차가 완전히 멈추기도 전에 플랫폼으로 뛰어내렸다. 그리고 역으로 뛰어갔다.

"여기 네 병들이 있다." 역장이 톰에게 말했다.

"팔리 씨, 감사합니다." 톰이 말했다. 그리고 병이 든 커다란 박스 두 개를 우편차로 가져갔다.

"제임스, 이걸 탁자 위에 놔." 그가 말했다. 병이 너무 많아서 반도 정리하지 못한 상태에서 기차가 떠나기 시작했다.

"제임스!" 톰이 깜짝 놀라며 말했다. "신문과 잡지 가져오는 걸 잊어버렸어!"

그 둘이 어찌할 바를 몰라서 쩔쩔매고 있을 때, 차장이

제임스가 그의 신문과 잡지를 다 팔았을 때 쯤,
톰은 실험실을 다 정리했다.

우편차로 들어왔다.

"톰, 뭐 잊어버린 거 없니?" 그가 물었다.

"어머나, 트렌트 씨, 어떻게 그걸 기억하셨죠?" 톰이 소리쳤다. 그는 트렌트 씨의 팔에 커다란 신문과 잡지 뭉치가 끼어있는 것을 보고 안도의 숨을 내쉬었다.

트렌트 씨가 그것을 내려 놓자, 톰은 제임스에게 어떻게 판매하는지 가르쳐 주었다.

　제임스가 기차 세 칸에서 신문을 파는 동안, 톰은 실험실을 정리했다.

　이제 '독약'이라고 씌인 병은 거의 없었다. 대부분의 병에는 작은 흰색 종이에 화학약품 이름이 선명하게 기록되어 있었다.

　그 중 어떤 약은 매우 위험했지만 톰은 항상 조심해서 그것을 다루었다. 특히 그는 물 속에 꽂아놓은 유황 막대기가 든 병을 주의해서 다루어야했다. 만일 그 물이 말라버리면 유황이 타기 때문이다. 캄캄할 때 보면 그것은 밝은 파란색 빛을 발했다. 그러나 만일 유황이 말라서 뜨거워지면, 그것은 삽시간에 주변에 있는 모든 것을 태워버릴 것이다.

　제임스가 신문과 잡지를 다 팔았을 때 쯤, 톰은 실험실을 다 정리했다. 기차는 디트로이트 역으로 들어갔다.

　톰은 제임스를 데리고 시내를 구경시켜 주었다. 도서관과 디트로이트 기관차 공장에 갔다. 두 소년은 피니의 식당에서 점심을 먹었다.

그리고 기차가 포트 휴런을 향해 다시 떠날 때까지 남는 오후 시간에는 톰의 '달리는' 실험실에 필요한 화학약품들을 샀다. 그들은 볼 일을 본 후 서둘러 역으로 왔고, 거기에는 그들이 가져가야 할 신문이 준비되어 있었다. 이번에는 제임스가 실험실에 남아있었고, 톰이 기차에서 신문을 팔았다.

14.
톰이 만드는 신문

 1861년 초가을이었다. 톰은 그렇게도 웅성웅성대던 전쟁이 마침내 터졌다는 소식을 들었다. 남부와 북부 사람들이 서로 싸웠다.

 톰과 제임스는 기차에서 신문을 파느라 그 어느 때보다 더 바빴다. 두 소년이 신문을 들고 오자마자 모든 승객들이 그것을 샀다. 전쟁에 관한 새로운 소식을 알고 싶었던 것이다. 그러나 때때로 톰이 신문을 팔 때쯤이면 소식이 벌써 많이 알려진 이후였다. 그는 이 문제에 대해 깊이 생각을 했다. 그는 기차역과 신문 회사에서 전보를 받자마자, 즉시 그 소식을 기차에 탄 승객들이 읽을 수 있도록 해주고 싶었다. 그는 어떻게 해야 할지는 알 수 없었으나, 뭔가를 해야겠다고 생각했다.

어느 날 톰은 디트로이트의 한 가게에 들어갔다. 그곳에서는 낡은 인쇄기를 팔고 있었다. 그때 아이디어가 떠올랐다.

"저 인쇄기 얼마예요?" 그가 가게 점원에게 물었다.

"12달러야." 그 사람이 대답했다.

톰은 그 인쇄기를 샀다. 인쇄기에는 알파벳을 놓는 나무들이 있었다. 톰은 기다란 롤러와 잉크 세 병을 샀다.

그는 **디트로이트 프리 프레스** 신문사 사무실에 가야했다. 그는 편집장 사무실에서 일하는 스토리 씨와 좋은 친분이 있었다.

"톰, 오늘은 내가 뭘 도와줄까?" 그가 물었다.

톰은 그에게 가게에서 무엇을 샀는지 알려주었다.

"제가 신문을 만들고 싶어요. 각각의 기차역에서 전쟁에 관한 가장 최신 소식을 전보원한테서 직접 받아서 그것을 기차에서 인쇄하려고요."

"사람들이 신문을 사서 보면 되지 않니?" 스토리 씨가 톰에게 물었다.

"아니에요. 어떤 사람들은 포트 휴런에 도착하고 나서야 불런 전투 소식을 들었어요. 만일 제가 신문을 직접 인쇄하면, 그들은 전보로 온 소식을 즉석에서 들을 수 있어요."

"네 신문을 뭐라고 부를 거냐?"

"위클리 헤럴드요."

"그러면 내가 뭘을 도와줄까?"

"인쇄할 종이가 필요해요. 스토리 씨에게서 사고 싶어요."

"좋아. 네가 필요한 만큼 가져가라. 나는 위클리 헤럴드 초판을 보고 싶구나."

톰은 처음 찍은 위클리 헤럴드를 주겠노라고 약속했다. 스토리 씨는 자기 회사의 운반용 수레 한 대에 종이를 실어 디트로이트 역으로 운반하도록 알선해 주었다. 그리고 톰이 구입한 인쇄기와 활자세트도 그 수레로 운반해주었다. 기차가 출발하기 직전에야 톰은 우편칸으로 뛰어올랐다. 그의 물건도 모두 기차에 실었다.

그때부터 신문 판매는 모두 제임스 클랜시가 맡아서 했다. 톰은 신문과 잡지를 정리하느라 바빴다.

"제임스, 난 신문을 인쇄할 거야!" 톰이 소리쳤다.

제임스는 이제 톰이 무슨 말을 한다고 해도 놀라지 않기로 했다.

톰은 가져온 꾸러미를 열더니, 스토리 씨가 그에게 판매한 종이를 탁자 위에 놓았다.

"이 나무 상자는 뭐지? 꼭 액자같이 보이네." 제임스가 물었다.

"이 알파벳들을 이 상자에 넣는 거야."톰이 설명했다. 그는 알파벳 몇 개를 집어서 그 상자안에 아래 위로 난 조그만 홈에 끼워넣었다.

"네 이름을 만들어 볼게, 제임스." 톰이 말했다. 그는 알파벳 활자를 홈에 넣었다. 그리고 그 알파벳 위에 롤러로 잉크를 발랐다. 그리고 며칠 전 기관차 공장에서 구해 온 납작한 금속판 위에 조금 더 많은 잉크를 발랐다.

그는 롤러를 잉크 위에 놓고 앞뒤로 문질렀다. 그리고 알파벳 위를 문질렀다.

"하지만 어떻게 인쇄가 된다는 거야?" 제임스가 물었다.

"보기만 해." 톰은 잉크를 바른 알파벳 위에 종이를 놓았다. 그리고 묵직한 나무 판을 종이 위에 놓았다. 그리고 그것을 두 손으로 꼭 눌렀다.

"봐." 톰이 나무조각을 종이에서 들며 말했다. "여기 네 이름이 있어."

아닌게 아니라 그 종이에는 **JAMES CLANCY** 라고 쓰여 있었다.

제임스도 톰 만큼 신이 났다. "그걸 어디서 배웠어?" 그가 물었다.

"스토리 씨가 **디트로이트 프리 프레스** 신문사의 인쇄실을 모두 보여주셨어. 난 거기서 신문 인쇄하는 과정을 여러 번 봤어. 질문도 많이 했거든. 그래서 어떻게 인쇄를 하는지 알아."

얼마가지 않아 톰은 위클리 헤럴드 초판을 인쇄하고, 판매할 준비가 되었다. 여자들 손수건 만한 크기로 만들었다. 그는 전쟁소식과 디트로이트에서 포트 휴런까지 기차가 통과하는 마을들의 소식을 실었다.

위클리 헤럴드는 한 장에 3센트에 팔렸다. 많은 사람들이 그것을 좋아해서 한 번에 일년치를 주문했다. 톰은 처음에는 한 번에 100장을 인쇄했는데 곧 300장을 인쇄해야 했다.

그랜드 트렁크 철도회사에서 일하는 사람들의 소식과 때때로 다른 철도회사의 소식도 실었다. 그리고 항상 디트로이트를 출발하는 모든 기차의 시간표를 실었다.

매주 그는 시장 물가 동향을 보고했다. 버터, 달걀, 감자, 닭고기의 값이 얼마나 하는지를 실었다.

또한 남북전쟁에 나가기 위해 유니온 군대에 지원한 사람들의 이름도 실었다.

기차가 역에 도착하자마자, 톰은 전보실로 뛰어갔다. 그는 게시판에 붙어 있는 전보 내용을 모두 읽었다. 거기에는 새로운 전쟁 소식이 있었다. 톰은 그 내용을 순식간에 모두 읽으며, 그 중에서 사람들이 듣고 싶어하는 소식이 뭔지 즉석에서 파악했다. 그리고 그것을 위클리 헤럴드에 실었다.

톰이 신문을 인쇄한지 몇 달이 흘렀다. 1862년 4월 어느 아침, 그는 디트로이트 역으로 뛰어들어갔다. 그리고 곧장 게시판으로 가서 모르스 부호로 적힌 전보를 읽었

유니온 군대: 톰이 사는 북부의 군대(북군)

두 소년은 거기서 신문 100장을 팔았다.

다. 이번에는 테네시 주의 쉴로 전투에 대한 내용이었다. 그 전투는 지금 진행중이고, 결과는 예측할 수 없었다.

톰의 생각에는 그랜트 장군이 테네시 전투에서 패배할 것 같아 걱정이 되었다. 그 전투에 관한 가장 빠른 소식이 필요했다. 그는 전속력으로 스토리 씨 사무실로 달려가 노크도 없이 사무실로 뛰어들었다.

"스토리 씨, 종이 1000장이 필요해요. 내일 갚아드릴게요."

"휴-우!" 스토리 씨가 휘파람을 불었다. "왜 그렇게 많이 필요한 거냐? 보통 때는 100장이면 충분하더니."

"여기서부터 포트 휴런까지 모든 기차역에 제가 신문을 판다는 전보를 보낼 거예요. 쉴로 전투 소식을 알려주려구요. 마을마다 여러 집의 아버지와 아들들이 그 전투에서 싸우고 있거든요. 사람들이 그 소식을 듣고 싶어할 거예요. 제가 기차역에 도착할 때쯤이면 모두들 역에 나와서 신문을 사려고 기다릴 거예요."

"종이는 가져가라. 그리고 돈은 나중에 줘도 돼. 톰 에디슨이라면 신문 1000장을 너끈히 팔고도 남지."

톰은 그에게 감사를 표하고, 기차역으로 돌아왔다. 디트로이트 역의 전보원은 그의 좋은 친구였다. 그는 톰에게 디트로이트에서 포트 휴런에 이르는 각각의 마을에 전보를 보내도록 허락해 주었다.

톰은 묵직한 종이뭉치를 가지고 기차로 왔다. 첫 번째 역에서 톰과 제임스는 많은 사람들이 플랫폼에서 기다리는 모습을 보았다. 두 소년은 거기서 신문 100장을 팔았다.

다음 역에서는 더 많은 사람들이 기다리고 있었다. 그리고 신문은 더 빨리 팔렸다. 스미스 크릭 역에서는 너무 많은 사람들이 모여있어서, 톰이 기차에서 내려 신문을 팔았다. 모든 사람들이 쉴로 전투에 대해서 알고 싶어했다.

톰은 신문을 파느라 정신이 팔려서, 기차가 떠나기 시작하는 것을 깨닫지 못했다.

"기다려!" 그가 고함쳤다. 그리고 기차 뒤를 쫓아갔다. 팔에는 신문을 가득 끼고 있었다.

차장이 톰의 고함소리를 듣고 기차 뒤쪽으로 왔다. 차장은 톰과 신문을 움켜쥐었다. 신문은 대부분 가져갔지만, 그만 톰의 팔을 놓쳤다.

기차는 점점 속도를 붙였다. "내가 잡아줄게, 톰!" 차장이 소리쳤다. 그리고 그는 톰의 머리를 잡고 세게 끌어당겼다. 톰은 귀에서 이상한 윙윙 소리가 들렸다. 그러나 그는 기차를 탄 게 너무 좋아 윙윙 소리를 잊어버렸다.

"여기, 네 신문이다, 톰."

"뭐라고 하셨어요, 필립 씨?" 톰이 물었다. "무슨 말인지 잘 못들었어요."

"여기, 네 신문이 있다고 말했다."

톰은 신문을 모아서 우편차로 갔다. 그는 제임스에게 아무 말도 하지 않았다. 귓속에서 윙윙거리는 이상한 소리가 계속 들렸다.

그때부터 톰 에디슨은 귀가 잘 안들리게 되었다. 그러나 당장은 그리 큰 지장이 없었다. 다음 역인 포트 휴런에서 그는 신문을 모두 팔았다. 사람들은 전쟁에 관한 최신 소식을 들으려고 거의 기차로 올라오기도 했다. 그는 마지막 남은 25장을 35센트를 받고 팔았다.

15.
폭발 사고

"톰! 잠깐 이리 와라." 차장이 우편칸에 고개를 들이 밀고 말했다. "어떤 사람이 너를 보고 싶어한다."

톰은 실험실 탁자에 앉아 화학약품을 섞고 있었다. 그는 방금 위클리 헤럴드를 팔고 돌아왔기 때문에, 일하는 데 방해 받고 싶지 않았다. 실험실에서 일할 시간이 많지 않았기 때문이다.

"얼른 와, 톰. 영국에서 오신 분인데, 네 신문에 관해서 얘기하고 싶어해." 차장이 말했다.

"잠시 후에 갈게요." 톰이 말했다. 그는 화학약품을 내려놓고 차장을 따라서 객차로 갔다. 차장은 톰을 데리고 차 끄트머리에 앉아있는 키가 큰 사람에게로 갔다.

"톰, 이 분은 조지 스티븐슨 씨야. 스티븐슨 씨는 영국에서 온 엔지니어인데 미국의 철도를 연구하고 계신단다."

"스티븐슨 씨, 처음 뵙겠습니다." 톰이 키가 큰 그 남자와 악수를 하며 말했다.

"아, 네가 바로 위클리 헤럴드 편집장 톰 에디슨이니?"

"네."

"여기 앉아라, 톰." 스티븐슨 씨가 말했다. "내가 보기에 이 신문은 아주 훌륭한 신문이야. 사람들에게 인기가 있는 게 당연해. 정말 뛰어나게 잘 만들었구나."

톰이 미소를 지으며 그에게 감사를 표했다.

"톰, 몇 살이지?"

"열다섯 살이에요."

"열다섯 살이라. 신문을 직접 인쇄하기에는 어린 나이로구나. 그리고 네가 모르스 부호를 안다고 차장한테서 들었다."

"네." 톰이 말했다.

"이 신문은 달려가는 기차에서 인쇄된 유일한 신문일 거야. 나를 위해서 한 가지 해주겠니? 이 **위클리 헤럴드**를 1000장 인쇄하면 내가 그걸 사서 영국으로 가져가고 싶어. 어때, 그렇게 해주겠니?"

"물론이죠." 톰이 대답했다. 그의 회색눈이 반짝거렸다. "내일까지 인쇄해 놓겠습니다."

"너무 갑자기 부탁하는 일이라, 오늘 밤 사이에 하려면 무리가 될 거야. 하지만 내일까지 디트로이트에 있는 내 호텔로 배달해주면 고맙겠다."

톰은 제임스에게 인쇄를 도와달라고 부탁했다. 두 소년은 그날 밤 잠자러 집에 가지 않았다. 그들은 그 즉시 시작해서 밤새도록 스티븐슨 씨에게 보낼 신문을 인쇄했다.

다음 날 기차가 디트로이트 역에 정차하자, 톰은 신문을 배달할 준비가 되었다.

몇 달 후, 스티븐슨 씨는 영국에서 톰에게 편지를 보냈다. 그는 톰에게 영국에서 가장 큰 신문 중의 하나인 **런던 타임즈**지가 톰의 **위클리 헤럴드**에 실린 기사를 실었다고 전했다. 그리고 일부분을 인용해서 써주었다. 스티븐슨 씨는 톰에게 **런던 타임즈**지 한 장을 동봉했다. 톰은 그것을 매우 자랑스럽게 여기고 가지고 다녔다.

스티븐슨 씨를 만난 지 몇 주가 지났을 즈음, 톰은 또 다시 실험실에서 일하고 있었다. 기차는 클레멘스 역으로 접근하고 있었다. 그는 기차가 흔들리는 것을 느꼈고, 철도의 부실한 부분을 지나가고 있음을 알았다. 그런데 갑자기 기차가 전에 없이 심하게 덜컹! 하고 흔들렸다.

그의 약품병이 모두 바닥으로 쏟아졌다. 유황 막대기를 보관해둔 병도 떨어졌다. 병들은 우편차 바닥을 이리저리 구르며, 기차 가장자리를 두른 금속테에 부딪혔다. 유황 병이 그 금속테에 부딪히면서 불길이 확 붙었다. 톰은 기차 구석에 놓인 물이 담긴 통을 집어 불을 덮었다.

차 안에는 연기가 자욱했다. 갑자기 차장이 문에 나타났다. "이 연기가 뭐야!"

"제가 불을 껐어요, 필립 씨! 제가 거의 다 껐어요." 톰이 다급하게 말했다.

필립 씨는 톰의 외투를 집어 나머지 불꽃 위에 내리쳤다. 마침내 불이 모두 꺼졌지만, 차장은 몹시 화가 났다.

"이제 이 걸로 끝이야, 톰 에디슨! 기차에서 실험을 한다는 건 미친 생각이란 말이다. 내 이런 문제가 생길 줄 알았다. 네가 이 기차를 타는 건 오늘이 마지막이야!"

 기차는 클레멘스 역에 들어왔다. 필립 씨는 톰을 우편칸 뒷문으로 거칠게 밀어붙이며, 밖으로 내쫓았다. 그리고 그의 병과 인쇄기를 밖으로 던졌다.

 "다시는 내 앞에 나타날 생각 마라, 알겠니!" 그가 톰에게 고함을 질렀다.

 톰은 너무 당황해서 아무 대답도 못했다. 그의 모든 실험기구가 플렛폼 위에 흩어져 있었다. 대부분의 병들은 부서졌다. 톰은 그의 실험실에 필요한 기구들을 마련하기 위해서 매우 열심히 일했었다. 이것들을 모두 다시 갖추려면 몇 년이 걸려야할 것이다. 톰은 마음이 쓰렸다.

 역장인 맥켄지 씨가 톰을 일으켜 세웠고, 두 사람은 함께 병들과 인쇄기구들을 주웠다. "톰, 걱정마라." 맥켄지 씨가 말했다. "다시 기차를 탈 수 있을 거다."

 맥켄지 씨의 말 맞았다. 톰은 그날 밤 집에 갔다. 가는 길에 그는 다음 날 아침 디트로이트로 가서 그곳의 역장에게 부탁 해야겠다고 생각했다. 그의 실험실을 기차로 가져오지 않겠다고 여러 번 다짐을 한 뒤 톰은 직업을 되찾았다.

어느 8월의 더운 여름 날 톰은 클레멘스 역에서 내렸다. 그는 늘 맥켄지 씨와 얘기하는게 좋았다. 왜냐하면 그는 전보를 치는 전보사였기 때문이다. 맥켄지 씨는 종종 톰에게 전보를 받아적게 했다.

톰이 기차에서 내려서 철도를 건너오자마자, 짐차가 견인 철도를 타고 역을 향해서 굴러오는 게 보였다. 그것은 점점 더 빨리 다가왔는데, 기관차에 붙어있지 않은 상태였다. 그것은 기관차에서 떨어져나간 채 제멋대로 굴러오는 위험한 차였다!

톰은 짐차가 급속도로 달려오는 트랙을 바라보았다. 그 가운데에는 어린 지미 맥켄지가 앉아 있었다. 맥켄지 씨의 두 살 난 아들이었다. 지미는 철로 가운데 자갈 위에 앉아서 놀고 있었는데, 짐차가 오는 줄 모르고 있었.

짐차는 점점 지미한테 더 가까이 굴러왔다.

톰은 들고 있던 신문을 후다닥 내려놓고 전속력으로 철로를 향해 달렸다. 짐차가 어린 아이를 거의 치려는 순간이었다. 톰은 쏜살같이 몸을 굽혀 지미를 확 들어올리며 철도 밖으로 몸을 던졌다. 그 때 짐차가 사나운 소리를 내며 지나갔다. 아슬아슬한 순간이었다. 톰은 기차를 피하

톰은 쏜살같이 몸을 굽혀 지미를 확 들어올리며
철도 밖으로 몸을 던졌다.

느라 껑충 뛰어 땅에 뒹구는 바람에 자갈밭에 손이 긁혀 몇 군데 상처가 났다. 그러나 지미를 안전하게 구할 수 있었다.

맥켄지 씨가 황급히 역에서 나왔다. "톰, 무슨 일이야? 다친 데 없니? 지미는 어딨지?"

톰은 천천히 일어나서 지미의 옷에서 먼지를 털었다. "지미는 괜찮아요, 맥켄지 씨. 겁에 질린 것 뿐이에요. 저도 그렇구요."

"톰!" 맥켄지 씨가 말했다. "지미의 목숨을 구해줬으니 어떻게 보답을 해야 할지 모르겠구나. 난 부자도 아니라 돈으로 보답할 수도 없고. 그러나 내가 알고 있는 전보에 관한 걸 모두 가르쳐 줄게. 그러면 네가 이 역에서 나를 도와줄 수 있지. 기차가 멈춰있는 시간 동안 할 수 있는 일이야."

"아, 맥켄지 씨. 돈은 필요없어요. 전보를 가르쳐주신다니 이 세상에 그 보다 더 좋은 게 없을 거예요."

"그럼 내일부터 시작하자, 톰."

톰은 매일 조금씩 맥켄지 씨를 위해서 일했다. 그리고 배달원 써덜랜드 씨는 톰을 위해서 종이를 배달해주었다.

그렇게 하면 톰이 포트 휴런에서 매번 종이를 사러가지 않아도 되었기 때문에 시간이 절약되었다. 그는 집에 가지 않고 아예 그곳에서 잠을 자기 시작했다.

에디슨 내외는 물론 톰을 그리워했다. 그러나 그가 왜 역에서 잠을 자는 편이 나은지 설명을 하자, 이해해주었다. 그들은 톰이 가능한 모든 시간을 아껴서 전보일을 하기를 원한다는 것을 알았다.

톰은 이제 디트로이트에서 남은 시간을 모두 피셔와 롱건스미스 대장간에서 일하며 보냈다. 그리하여 마침내 아주 훌륭한 전보기기를 만들었다. 그리고 완성된 것을 맥켄지 씨에게 가져왔다.

맥켄지 씨는 그것을 유심히 관찰했다. "참 훌륭한 기계야, 톰. 네가 바로 두 달 전에 열다섯 살 생일을 지냈는데, 이렇게 진짜 전보기기를 만들다니! 계속해서 열심히 한다면 너는 세계적으로 유명한 사람이 되겠구나. 그리고 너한테 할 말이 있어. 전보를 받아주던 잭 에쉴리가 유니온 군대에 입대했어. 그 대신 일할 사람이 필요해. 매일 여러 시간을 열심히 일해야 하고, 때로는 밤에 잠도 못 자고 전

유니온 군대: 남북전쟁에서 북부의 군대(북군)

보를 받아야 돼. 만일 네가 그 일을 하고 싶다면, 난 더 없이 기쁘겠는데, 넌 어떻게 생각하니?"

"생각할 필요도 없어요, 맥켄지 씨. 제가 그 일을 할게요. 지금 당장 시작하겠어요!"

톰 에디슨은 그의 첫 번째 중요한 직업을 책임감 있게 잘 해냈다! 그는 이제 이 세상에서 가장 행복한 소년이 되었다.

16.
"움직이는" 그림

"톰, 서둘러. 이러다가 늦겠어... 아니, 톰 에디슨, 지금 뭘 하는 거야?" 제임스가 놀란 음성으로 물었다.

"종이 인형 자르는 거야." 톰은 눈을 반짝거리며 그의 친구를 올려다보았다.

"직업을 가질 만큼 다 큰 남자가 종이 인형 자른다는 말은 난생 처음 듣겠어." 제임스는 어이없다는 표정을 지었다. "그것 집어치워, 톰. 그렇지 않으면 와일드 웨스트쇼에 늦을 테니."

"제임스, 그러지 말고 잠깐만 기다려. 이건 실험이야." 톰이 첫 번째 종이인형 한 줄을 만들며 말했다. 그는 인형들의 머리가 서로 붙어있도록 종이를 접었다. 그리고 가위로 인형 모양을 다 자른 뒤 그것을 펼쳤다. 이제 인형 다섯 개가 나란히 서 있었다. 그것들은 서로 손을 잡고 있었는데, 당장이라도 탁자 위에서 춤을 출 듯이 보였다.

톰은 클레멘스 역에 있었다. 제임스가 서둘러 그를 만나러 온 것이다. 와일드 웨스트쇼는 포트 휴런에서 열렸다. 마을 사람들 모두가 구경을 하러 올 것이다.

"이 종이 인형들이 춤추는 것 잘 봐." 톰이 말했다.

"톰, 보기는 할게. 하지만 그 춤 좀 빨리 출 수 없어?" 제임스는 자기 친구가 어떤 실험을 시작하면, 이 세상 그 어떤 것도 그를 멈추게 할 수 없다는 사실을 이미 깨달은 바였다. 그래서 털석 의자에 앉았다.

톰은 종이 인형 줄 바로 옆에 빈 병을 놓았다. 그리고 선반에서 실크 조각을 꺼냈다.

"그 실크 조각으로 뭘 하려고?" 제임스가 흥미를 갖기 시작했다.

"그냥 보기만 해." 톰이 실크 조각으로 유리컵 바깥을 아래 위로 문질렀다. 매우 격렬히 빠르게 문질렀다.

"아무 것도 안 보이는데? 종이 인형이 춤을 안 추잖아." 제임스가 말했다.

"자, 봐! 따닥 소리가 들려?" 톰이 흥분해서 말했다. "그게 전기야!"

아니나 다를까 제임스는 희미하게 따닥거리는 소리를 들었다. 그리고 마치 톰이 "춤을 춰!"라고 명령이라도 한 듯, 종이 인형이 흔들흔들거렸다. 공기 중의 전기가 종이를 움직이게 한 것이다. 인형들은 점점 더 빠르게 움직이다가 마침내 넘어졌다.

"봤지, 제임스?" 톰이 벌떡 일어나 실험실에서 춤을 추며 말했다. "내 말이 맞았어! 내 말이 맞았어!"

"제임스, 우리가 전보칠 때 만일 이 전기 스파크를 유지할 수 있는 방법이 있다면, 다시는 배터리를 사지 않아도 돼."

"그게 무슨 뜻이지?"

"그 스파크가 전기를 흐르게 하는 거야. 그러면 배터리의 건전지(dry cell)가 필요가 없게 돼. 자, 이제 춤이 끝

여기서 배터리는 그 속에 건전지 장치가 든 통을 말한다.

났으니, 와일드 웨스트쇼를 보러가자."

두 소년은 서둘러 역을 출발했다. 그들은 늙은 말 로만을 수레에 묶고 포트 휴런으로 갔다. 길은 혼잡했다. 그 작은 마을에 사는 사람들이 모두 나와 그 쇼를 보러갔다. 남자, 여자, 어린아이, 더 큰 아이. 모두 자리를 잡으려고 몰려들었다.

두 소년이 로만을 말주차장에 묶으려고 할 때 흥행사가 외치는 소리가 들렸다. "신사 숙녀 여러분, 이리로 가시면 굉장한 쇼를 보실 수 있습니다! 5500미터 길이의 거대한 캔버스! 5500미터가 아름다운 그림으로 가득차 있습니다. 바로 이리로 오십시오!"

쇼가 막 시작되려고 했다. 사람들은 가지고 온 상자 위에도 앉고 풀밭에도 앉았다. 어떤 사람들은 의자를 가져왔다. 많은 사람들은 서서 구경했다. 제임스와 톰은 맨 앞 줄로 가서 풀밭에 앉았다.

그들 앞에는 2.5미터 너비를 사이에 두고 큰 나무 두 그루가 서 있었다. 한 쪽 나무에는 캔버스를 말아놓은 뭉치가 고정되어 있었다. 사람들이 보는 앞에서 그 캔버스가 펼쳐질 것이다.

두 나무에는 각각 거대한 크랭크가 붙어 있었다. 그리고 그것을 돌리는 사람이 서 있었다. 크랭크를 돌리면 그림이 천천히 이 나무에서 저 나무 쪽으로 옮겨갔다.

"이제 시작할 것 같아." 제임스가 속삭였다. "봐, 저 사람들이 크랭크를 돌리기 시작한다."

곧 조용해졌다. 캔버스가 풀리기 시작하자 남자, 여자, 아이들이 호기심을 가지고 쳐다보았다. 곧 글씨가 나왔다.

대서부 파노라마
뉴올리언즈에서 미시건 호에 이르는 장관

캔버스가 계속 풀렸다. 그리고 톰과 제임스가 난생처음 보는 5500미터 길이의 화려한 그림들이 펼쳐졌다. 뉴올리언즈 길이 보였다. 사람들이 바삐 집을 들락날락했다.

캔버스가 풀리면서 배가 거대한 미시시피 강을 오르락내리락 했다. 흑인노예들이 목화밭에서 목화를 따고 있었다.

이제 톰과 제임스는 눈이 덮인 아름다운 산을 보고 있었다.

그러나 가장 흥미있는 부분은 인디언 전투였다. 인디언

인디언 마을 그림이 있었다.

마을 그림이 있었다. 조용하고 평화롭다가 갑자기 인디언들 수백 명이 그 마을로 쳐들어가는 게 보였다. 그들은 활을 쏘며 비명을 질렀다.

관중석에 앉은 여자와 아이들이 비명을 질렀다. 톰과 제임스는 여자들이 그림을 보고 그렇게 겁을 먹는다는 사실에 웃음을 터뜨렸다. 그들은 조금도 겁이 나지 않았다.

그림은 계속되었고, 광활한 초원에 불이 붙었다. 불길이 하늘 높이 치솟았다.

초원이 지나가자 이번에는 미시간 호 그림이 나왔다. 그리고 대서부 파노라마가 끝났다.

톰과 제임스는 천천히 걸어서 그 자리를 떠났다.

"톰, 너 무슨 아이디어가 떠올랐지? 그게 뭔데?" 제임스가 물었다.

"그걸 어떻게 알았어?"

"그건 쉬워. 그럴 때마다 항상 오른쪽 눈썹을 찡긋하거든. 네가 계속 그런 아이디어를 생각해낸다면, 몇 년 지나면 네 눈썹이 하나도 안 남겠어. 이번엔 무슨 아이디어야?"

"저 캔버스를 더 빨리 움직이면 거기에 나오는 사람들과 강 위의 배가 진짜로 움직이는 것처럼 보일 거야. 더 빨리 움직이게 하는 방법을 생각해내야 해."

"어떻게 그렇게 하지?"

"정확하게는 모르겠어. 캔버스 크기를 훨씬 더 작게 만들어야 돼. 그리고 사람이 움직이는 모습을 모두 그림으로 만들어야 돼. 그림의 수가 엄청나게 많아지는 거지. 캔버스를 돌릴 때 각각의 작은 그림이 빠르게 움직이면, 마치 그 그림 속의 사람이 진짜로 움직이는 것처럼 보일 거야. 무슨 말인지 이해하겠어?"

"알 것 같아. 그렇지만 상당히 어렵겠는걸? 하지만 그렇게 하면 진짜로 움직이는 그림이 되지, 안 그래?" 제임스가 물었다.

"그래. 하지만 분명 쉬운 방법이 있을 거야. 만일 우리가 날마다 보는 사람들의 그림을 만들 수 있다면 좋겠어. 사람들은 항상 움직이잖아. 그림을 만들려고 일부러 포즈를 취할 필요가 없지."

톰은 잠시 멈추고 생각을 했다. 그리고 계속 이어 말했다. "나는 사람들, 말, 배, 기차를 실제 그대로 그림으로 만들고 싶어. 실제로 움직이는 모습을 말이야." 톰은 어딘

가를 멍하니 바라보는 듯한 눈빛이었다.

"지금 집에 가서 궁리를 해야겠어. 나한테 생각이 있어. 내일 보자. 안녕!" 톰은 로만을 향해 달려갔다.

"안녕, 톰!" 제임스가 이해한다는 듯 말했다. 그는 톰이 어떤 실험 아이디어가 생기면 느닷없이 가버린다는 사실에 익숙해져 있었다.

17.
빛을 발명한지 50년

1862년에 톰과 제임스가 대서부 파노라마를 본 이후 톰은 줄곧 움직이는 그림을 만드는 생각에 푹 빠져있었다. 그러나 늘 생각해야 될 다른 일들이 많았던 터라, 그 계획은 항상 뒷전으로 미루어졌다.

톰은 클레멘스 역에서 일하고 남는 시간을 모두 아껴서 발명에 열중했다. 맥켄지 씨는 톰이 포트 휴런에서 전보사로 일할 수 있도록 소개해주었다. 그 이후로 톰은 중서부의 여러 대도시에서 전보사로 일을 할 수 있었다.

토마스 에디슨은 스물두 살이 되었을 때 뉴욕시에 갔다. 그곳에서 두 친구와 함께 전기회사를 시작했다. 그리고 자기 작업실을 살 수 있을 때까지 돈을 저축했다.

　이제 뉴저지주의 뉴왁으로 이사를 해서 자신의 작업실을 열고, 처음으로 진짜 실험실을 마련했다. 그는 발명가로서 열심히 일했다. 무엇을 하든지 열심히, 그리고 꾸준히 일했다.

　토마스 에디슨의 뉴왁 전기 작업실은 점점 더 커졌다. 그러자 그는 뉴져지 먼로 파크로 옮겨 또 다른 전기 작업실과 실험실을 개업했다. 그는 대부분의 시간을 이 새로운 실험실에 앉아 전기 실험에 열중했다. 프란시스 제헬과 다른 사람들이 그를 도와 주었다.

　1879년 어느 날 제헬 씨와 동료 한 명이 실험실에서 얘기를 하고 있었다. 제헬 씨가 작업하던 탁자에서 작은 유리 밸브를 집었다.

　"이 작은 유리조각이 밤을 대낮처럼 환히 비춰줄 수 있다는 사실을 생각이라도 해 본 적 있나?"

　"에디슨 씨는 이 전구로 온 세상을 바꿨지." 동료가 말했다.

그는 뉴저지 먼로 파크로 옮겨 또 다른
전기 작업실과 실험실을 개업했다.

"그 전에도 전구라는 게 있긴 있었지." 제헬 씨가 계속 말했다. "그러나 그 전구는 불이 붙자마자 금세 타버렸어. 그러나 이 전구는 몇 시간이고 계속 그대로 있지."

잠시 후 제헬 씨가 물었다. "에디슨 씨가 축음기를 완성하던 날 기억하나?"

"기억하고 말고." 동료가 말했다. "우리는 '메리의 어린양' 노래를 들으며 밤을 꼬박 세웠지. 온 세상 사람들이 그를 '먼로 파크의 마술사'라고 부르는 게 당연해."

새로운 발명은 계속되었다. 그 중 두 가지는 온 세상 사람들의 삶에 큰 변화를 가져왔다.

사람들은 멀리 있는 친구들에게 말을 하고 싶어 에디슨에게 도움을 요청했다. 그는 알렉산더 그래험 벨이 만든 전화기를 보완해서 처음으로 전화의 수화기를 만들었다.

사람들은 움직이는 그림을 보고 싶어했다. 그들은 토마스 에디슨이 발명한 카메라를 사용해서 필름에 그림을 넣었다. 에디슨은 1862년 대서부 파노라마를 본 이후 줄곧 그것에 대해 궁리를 했다.

토마스 에디슨은 평생 동안 열심히 일하며, 많은 공헌을 하는 한편, 좋은 친구들도 많이 사귀었다. 그의 제일 친한 친구 중 한 사람은 헨리 포드였다.

헨리 포드 씨는 미국 사람들이 과거에 어떻게 살았는지를 보여주는 물건들을 계속해서 수집했다. 그는 그렇게 해서 미국의 역사를 공부했다. 에디슨은 헨리 포드와 함께 물레, 장식장, 할아버지 시계, 그리고 초기 서부 개척자들의 가구와 집기들을 수집했다. 그들은 뮤직박스와 골동품 의자를 구입했다. 포드 씨는 낡은 타작기를 모았다.

그는 이런 것들을 보관하기 위해서 건물과 작업장을 지었다. 미국인들이 오래 전에 살았던 모습 그대로 지었다. 결국 이것은 작은 마을과 같이 되었다. 포드 씨는 그곳을 그린필드 빌리지라고 불렀다.

토마스 에디슨은 포드 씨의 친한 친구였을 뿐 아니라, 과학에 많은 공헌을 하고 있던 터라, 포드 씨는 에디슨의 실험실과 작업장을 그린필드 빌리지로 옮길 것을 제안했다. 그것은 미국 역사의 일부가 되었다.

그는 토마스 에디슨이 처음 백열전구를 작업했던 다섯 개의 건물을 먼로 파크에서 옮겨와서 그곳에 세웠다.

그 건물들이 있는 길의 끝에는 스미스 크릭에서 가져온 작은 벽돌로 된 기차역이 있었다. 그곳은 토마스 에디슨이 기차를 놓칠 뻔하고, 차장이 그의 귀를 잡고 끌어 올렸던 역이었다.

그곳에는 그랜드 트렁크 철도역도 있었다. 포드 씨는 그 건물의 벽돌을 하나하나 그린필드 빌리지로 옮겨서 다시 조립했다.

에디슨 씨가 작업했던 빌딩 중 여러 개는 파손되었지만, 포드 씨가 그것을 옛날 모습으로 회복시켰다. 그는 심지어 뉴저지의 흙을 그린필드 빌리지로 가져왔다. 그것은 붉은색 진흙이었다.

　실험실과 건물의 내부는 먼로 파크에서 있었던 모습을 그대로 살렸다. 실험실 안에는 에디슨의 실험대가 있었고, 그 위로는 방을 밝혀주는 가스등이 있었다.

　이층의 방은 마치 토마스 에디슨이 일을 하다가 잠깐 외출한 듯이 보이게 만들었다. 탁자 위에는 전선과 재료들이 잔뜩 늘어져 있고, 벽에는 에디슨이 보완한 전화기가 걸려있었다. 전화기 아래에 놓인 탁자에는 축음기가 있었다. 그 근처에는 에디슨이 처음으로 특허를 받은 투표 기록기가 있었다.

　에디슨의 건물들은 1929년 10월 21일 완성되었다. 그것을 축하하기 위해 포드 씨는 토마스 에디슨의 친구들을 그린필드 빌리지로 초대했다.

　에디슨은 50년 전 바로 그날 그의 가장 위대한 발명품을 완성했다. 백열전구였다.

　포드 씨 손님들 중 일부는 기차를 타고 그린필드 빌리지로 왔다. 그것은 1860년 토마스 에디슨이 그의 신문을 팔았던 바로 그 기차와 똑같았다.

오는 길에 에디슨 씨는 자기가 신문을 팔던 흉내를 냈다. "저녁 신문이요! 잡지요! 캔디와 팝콘 있습니다!" 키가 크고 수염이 하얀 노인이 나무로 된 기차칸을 지나가며 소리쳤다.

"**위클리 헤럴드** 한 장 주시오, 에디슨 씨." 의자에 앉은 사람이 말했다. 그는 허버트 후버 대통령이었다.

사람들은 모두 미소를 지으며 소년 시절을 흉내내는 이 위대한 사람에 대해서 얘기했다. 토마스 에디슨은 이제 82세가 되었다.

손님들은 그린필드 빌리지의 모든 전시물을 구경한 뒤 큰 건물에 모였다. 포드 씨가 그들을 위해 성대한 만찬을 베풀었다.

그들은 서로 얼굴을 볼 수 있도록 마주 앉았다. 에디슨 씨 내외가 명예석에 앉았다. 세계 각국의 유명인사가 그 만찬에 참석했다. 그 중에는 과학자와 발명가들도 있었다. 그들은 토마스 에디슨을 얼마나 존경하고 사랑하는지에 대해서 연설을 했다. 왕과 왕비들은 인류를 위해 공헌한 그의 업적을 기리는 전보를 보냈다.

만찬 후 손님들은 실험실 이 층으로 올라갔다. 그곳은

몹시 어두웠다. 천정에 달려있는 가스 등불이 전부였다.

　모두 다 조용히 기다렸다. 전국의 남자, 여자, 아이들도 조용히 기다리고 있었다. 그들은 라디오를 듣고 있었다. 에디슨은 라디오를 오늘날의 라디오처럼 정교하게 작동하도록 도와주었다.

　토마스 에디슨은 의자에 앉아 있었다. 그의 조수 프랜시스 제헬이 발판 사다리위에 서 있었다. 작은 유리전구에 불을 붙이려는 순간이었다. 그 안에는 공기가 없고, 목면실을 태워 숯으로 만든 것이 말굽 모양으로 들어 있었다.

　토마스 에디슨이 프랜시스에게 신호를 보냈다. 그리고 의자에서 일어났다. 프랜시스가 유리 전구를 전류에 연결하자, 전구 안의 빛이 점점 더 밝아졌다. 이윽고 방 전체가 환하게 되었다. 그러자 방의 모든 전깃불을 밝혔다.

　라디오로 그 기념행사를 경청하고 있던 전국의 수천, 수만의 가정에서도 전깃불을 밝혔다. 라디오의 아나운서가 그린필드 빌리지에 전구가 밝혀졌다고 말하자, 라디오를 듣고 있던 사람들은 촛불을 끄고 전깃불을 켰다. 그때는 전깃불을 발명한지 50년이 되는 해였다.

　1879년 수백만 개의 작은 전구에 불이 들어왔다. 그 불빛은 마치 햇빛처럼 빛났고, 어둠을 멀리멀리 쫓아버렸다. 그 기적은 이 세상을 환히 비춘 위대한 발명가 토마스 에디슨의 공로였다. 그는 열심히, 그리고 꾸준히 일해서, 주변 사람들의 삶을 더 행복하게, 더 밝게, 그리고 여러 면에서 더 풍요롭게 해주었다.

여러분, 기억하나요?

1. 톰은 룰루의 둥지에서 무엇을 하고 있었나? 왜 그랬나?

2. 마일런에서 톰의 친한 친구들은 누구였나?

3. 마일런에서 "요즘 유행하는 발명품"은 무엇이었나?

4. 에디슨 씨는 왜 마일런을 떠나기로 결정했나?

5. 톰은 어떤 방법으로 혼자서 철자법을 배웠나?

6. 톰은 운하에서 스케이트를 타다가 왜 봉변을 당했나? 어떻게 구조받았나?

7. 톰은 난생 처음 타보는 기차여행에서 어떤 특별한 경험을 했나?

8. 톰은 새로 이사간 동네에서 왜 학교에 가보기도 전에 학교를 싫어할 거라고 확신했나?

9. 톰은 왜 학교를 그만 두었나? 그대신 어떻게 공부를 했나?

10. 톰과 마이클 오츠는 어떻게 돈을 벌었나? 톰은 그 돈을 주로 어디에 사용했나?

11. 톰은 친구 제임스 클랜시와 어떻게 소식을 주고 받았나?

12. 기차는 어떻게 세인트 클레어 강을 건너왔나?

13. 톰의 첫 번째 일자리는 무엇이었나?

14. 톰은 디트로이트에서 무엇을 하며 시간을 보냈나?

15. "지하 철도"라고 부르는 것은 실제로 무엇이었나?

16. 톰은 왜 기차에서 신문을 직접 발행하기로 결심했나?

17. 기차에 설치했던 톰의 실험실은 어떻게 최후를 맞이했나?
18. 맥켄지 씨는 왜 톰에게 전신을 가르쳐주기로 했나?
19. 와일드 웨스트쇼는 어떻게 움직이는 그림을 보여주었나?

함께 생각해볼까요?

1. 에디슨은 학교에 가지 않고 집에서 책과 신문을 읽고 실험을 하며, 농사를 지어 시장에 팔고, 기차에서 일하며 신문을 인쇄했다. 이런 어린 시절이 에디슨이 나중에 성공하는데 어떻게 도움이 되었다고 생각하는가?
2. 에디슨의 발명품 중 무엇이 가장 중요하다고 생각하는가? 그것은 인류의 문명의 진보에 어떤 획기적인 영향을 미쳤나?
3. 에디슨과 같은 시대의 다른 발명가들은 누구인가? 어떤 중요한 것들을 발명했는가?
6. 철도가 건설될 당시 철도가 비껴간 지역은 쇠퇴하고, 철도가 통과한 지역은 번창하여 큰 도시가 되었다. 그 이유가 무엇일까? 그와 비슷한 예로 또 뭐가 있을까?

토마스 에디슨이 살던 시절

1845 사무엘 모르스가 전신기를 발명했다.

1847 2월11일 에디슨이 오하이오주 밀란에서 태어났다.

1848 미국과 멕시코 전쟁으로 미국의 서부 영토가 크게 확장되었다.

1854 에디슨 가족이 미시간주 포트 휴런으로 이사를 했다.

1857 지하실에 실험실을 설치했고, 청각장애가 시작되었다.

1861 미국 남북전쟁이 일어났다.

1862 전보사 훈련을 받고, 그 이후 전국 대도시를 돌아다니며 전보사로 일했다.

1865 남북전쟁이 끝나고, 링컨 대통령이 암살되었다.

1870 뉴저지주 뉴왁에 실험실을 차리고 발명에만 전념했다.

1874 전보를 한 번에 네 개를 보낼 수 있는 방법을 고안했다.

1877 축음기를 발명하면서, 일반 대중이 구입할 수 있도록 저렴하게 만들었다.

1879 전구를 발명하여, 전기로 불을 밝힐 수 있게 되었다.

1880 전기를 널리 보급하기 위해 산업공단을 설립했다.

1892 제너럴 일렉트릭 회사를 설립했다.

1899 우리나라 최초로 증기기관차를 위한 철도가 건설되었다.

1900 전기가 없을 때 사용할 수 있는 배터리를 발명했다.

1925 미국 가정의 절반에 전기가 들어갔다.

1931 84세로 세상을 떠났다. 그의 장례식날 전국에서 그의 명예를 기념하여 전깃불을 어둡게 했다.

위인들의 어린시절 시리즈

토마스 에디슨–귀염둥이 질문상자
노아 웹스터–사전을 만드는 아이
이스라엘 퍼트넘–장군 같은 아이
존 워너메이커–백화점왕이 된 아이
존 마샬–판단력 있는 아이
로버트 풀턴–만들기를 좋아한 아이
조지 워싱턴–나라를 사랑한 아이
사무엘 모르스–호기심 많은 아이
다니엘 분–어린 사냥꾼
나다니엘 그린–스스로 생각한 아이
패트릭 헨리–자유를 사랑한 아이
포카혼타스–말괄량이 인디언소녀
해리 트루먼–미주리의 어린 농부
존 폴 존스–천하무적 항해사

벤자민 프랭클린–책을 좋아한 아이
토마스 제퍼슨–독립심 강한 아이
클라라 바튼–약한 이를 돌보는 아이
아브라함 링컨–오두막집에서 자란 아이
윌리엄 브래드포드–어린양을 사랑한 아이
월버와 오빌 라이트–하늘을 나르는 아이
캡틴 존 스미스–모험심 강한 아이
율리시스 그랜트–말을 좋아한 아이
알렉산더 벨–말하는 기계를 만드는 아이
월터 크라이슬러–기관사가 되고 싶은 아이
조지 카버–어려움을 이겨낸 아이
앤디 잭슨–용감무쌍한 아이
부커 워싱턴–믿음직한 아이
스티븐 포스터–노래를 좋아한 아이

(계속 발행됩니다.)

잠언생활동화 시리즈

토마스 에디슨: 귀염둥이 질문 상자
위인들의 어린시절 시리즈

발행일 2017년 5월 1일
지은이 수 거스리지 • 그림 베티 그램 • 옮긴이 오소희
편집 이윤숙 • 디자인 안성현 알리사
발행처 리빙북 경기도 군포시 오금로 43, 336-705
이메일 livingbook.kr@hanmail.net
팩스 031-943-1674 전화 070-7883-3393
은행계좌 국민은행(예금주:리빙북) 639001-01-609599
출판등록 제399-2013-000031호
이 책의 내용을 사용하시려면 반드시 출판사의 허가를 받아야 합니다.
책값은 뒤표지에 있습니다

© 1946 Sue Guthridge
© 2015 Living Book
ISBN 978-89-92917-575
       978-89-92917-537 (세트)

livingbook.kr